KELTISCHE MYTHOLOGIE

GESCHICHTEN AUS DEM KELTISCHEN PANTHEON

ADAM ANDINO

CONTENTS

EINLEITUNG: EINE KURZE GESCHICHTE DER KELTISCHEN MYTHOLOGIE

Enya, die meistverkaufte irische Solosängerin aller Zeiten, sagte einmal über die alte Mythologie des keltischen Pantheons: "Die keltische Mythologie hat etwas, das tief in der Seele sitzt." Zwar ist sie vor allem für ihre modernen keltischen Folksongs bekannt, doch ein Teil der Inspiration für solche Kompositionen ist in der keltischen Mythologie verwurzelt. Während viele der Gottheiten mit denen der römischen und nordischen Mythologie vergleichbar sind, unterscheiden sich viele der keltischen Mythen deutlich von anderen. Das Pantheon und die Kreaturen selbst sind manchmal das komplette Gegenteil von dem, was man erwarten würde.

Das Pantheon der Kelten ist aufgrund der mündlichen Überlieferung, des Krieges mit Rom und der wandernden Vergangenheit der Kultur wenig bekannt. Ähnlich wie beim nordischen Pantheon sind viele der Geschichten und Legenden aus der Geschichte verschwunden. Da die Kelten oft nicht lesen und schreiben konnten, wurden ihre Geschichten über Generationen hinweg mündlich überliefert.

Die Kelten

Wie bereits erwähnt, ist der Mangel an Informationen auf drei Hauptaspekte des Wandels zurückzuführen: den Krieg mit Rom, mündliche Überlieferungen und die Notwendigkeit der Auswanderung. Das keltische Volk stammt, kurz gesagt, aus den Regionen des heutigen Wales, Schottlands, Irlands, Frankreichs und Spaniens und hat sich sogar bis in die Türkei ausgebreitet. Die Menschen in jeder Region hatten ihre eigene Kultur und Sprache, aber ihre polytheistischen Religionen und Gottheiten überschnitten sich oft. Keltische Dialekte gibt es immer noch, vor allem in Wales und Irland; einige Schotten und Iren sprechen immer noch Versionen des Gälischen, und einige Waliser können Walisisch sprechen.

Die keltischen Völker begannen ihre Zivilisation bereits 1200 v. Chr. während der Eisenzeit, als die Menschen entdeckten, wie man Werkzeuge aus Metall herstellt. Sie waren Kunsthandwerker aus Bronze, Gold und Quecksilber und verzierten ihren Schmuck und ihre Waffen mit komplizierten Spiralen. Sie verbreiteten sich von Europa bis in die Türkei und gelangten sogar bis nach Ägypten. Es wird vermutet, dass einige der Kelten sogar als Söldner für die ägyptische Königin Kleopatra tätig waren.

Sie blieben in Stämmen, bis Julius Cäsar vom Römischen Reich um 70 v. Chr. einen Krieg gegen ihre Kultur führte. Während dieses erbitterten Krieges war er auch der erste, der die keltische Kultur dokumentierte. Er bezeichnete sie als "Gallier", was so viel wie "barbarisch" bedeutet. Die Gallier waren das Volk, das im heutigen Frankreich ansässig war.

Der Verlust einer Kultur

Obwohl Julius Cäsar versuchte, das Römische Reich von den Galliern zu befreien, blieb die Kultur der Gallier ungebrochen. Die Römer und sogar die Griechen bewunderten die Kelten im Kampf, was viele Schriftsteller der damaligen Zeit und darüber hinaus dazu veranlasste, sie zu studieren und zu dokumentieren. Infolgedessen wurden während dieses Krieges einige Dokumente über die keltischen Kulturen und Völker verfasst. Diese Bewunderung für die Kelten sollte jedoch nicht von Dauer sein. Zwar ist das Römische Reich ein Faktor, der zum Beinahe-Aussterben der Kelten beitrug, aber es gab auch noch andere Faktoren.

Die Druiden

Die Druiden waren eine religiöse Gruppierung des keltischen Volkes und galten als die Weisesten. Sie glaubten an Reinkarnation und verehrten viele Gottheiten ihrer polytheistischen Religion. Ähnlich wie andere Pantheons der Antike verehrten die Kelten Gottheiten aus der Natur, wie Sonne und Mond, Flüsse und Seen sowie die Landwirtschaft. Die Druiden, die als Heiler und religiöses Aushängeschild fungierten, glaubten, dass sie durch Vogelformationen, Traumdeutungen und Meditation die Zukunft voraussagen konnten. Männer und Frauen waren in ihren Einrichtungen gleichermaßen willkommen und waren auch an der Bildung und dem Rechtssystem beteiligt.

Die Druiden glaubten, dass ihre Traditionen nicht aufgeschrieben werden mussten, sondern mündlich weitergegeben werden sollten. Um ihre mündlichen Traditionen zu bewahren, verbaten sie oft schriftliche Texte. Infolgedessen gab es in ihrer Zivilisation keine Dokumentation religiöser und kultureller Zeremonien und Verfahren. Die wenigen Überreste ihrer Kultur wurden in Höhlen in den Alpen in ihrer Sprache, in den Berichten Cäsars und in den mittelalterlichen Berichten christlicher Priester bewahrt.

Die Einführung des Christentums

Die Einführung des Christentums trug ebenfalls zum Untergang der keltischen Völker und ihres Pantheons bei. Nachdem das Christentum die vorherrschende Religion in Rom und seinem Reich geworden war, hielten die Mächte hinter den

Kreuzzügen den Polytheismus für unheilig und eroberten die vielen keltischen Völker. Im Jahr 432 n. Chr. wurde das Christentum den keltischen Völkern in Großbritannien durch die Einführung des Heiligen Patrick aufgezwungen. Viele der früheren Gottheiten wurden als Heilige in den christlichen Glauben aufgenommen, und ihre Bräuche wurden in das Christentum integriert.

Diese neue Religion stieß jedoch auf Widerstand. Als Reaktion darauf ordneten die Katholiken die Ausrottung der Druiden durch Massenmorde an. Diese turbulente Zeit führte zur Auslöschung der polytheistischen Religion. Spuren dieser Kultur finden sich bis heute in der Wiedereinführung der alten keltischen Sprachen, wie Gälisch und Walisisch, und sogar in religiösen Symbolen. Das keltische Kreuz und das irische Kleeblatt stehen für diese turbulente Vergangenheit und die Spuren ihrer Kultur. Einige der Geschichten und Legenden werden in Irland auch heute noch erzählt.

Tägliches Leben für die Kelten

Die keltischen Völker ähnelten den nordischen Völkern in der Art, wie sie ihr tägliches Leben gestalteten. Obwohl sie keine Seefahrer waren, wanderten sie in verschiedene Teile Nordeuropas aus. Sie lebten in Stämmen innerhalb eines Dorfes, das von Steinmauern umgeben war, und verwendeten denselben Stein zum Bau ihrer Häuser. Die Dächer wurden in Form von Kegeln aus Schilf und Stroh gebaut. Ihre Handwerkskunst umfasste auch Metallarbeiten wie Schmuck und Waffen.

Die Kelten waren für ihre Kampf- und Reitkünste bekannt und waren tapfere und kämpferische Krieger. Es ist belegt, dass die Krieger auch nackt in die Schlacht ritten, möglicherweise um ihre Feinde einzuschüchtern. Einige überlieferte Texte berichten, dass sie auch die Köpfe ihrer Feinde als Trophäen aufbewahrten. Ihre Kämpfe waren jedoch oft unorganisiert und wurden später durch die römischen Heere überflüssig.

Nicht alle keltischen Männer waren Krieger. Andere Berufe waren Handwerk, Schmiedekunst, Landwirtschaft, Druidentum und sogar Poesie. Barden waren dafür zuständig, die Geschichten und Legenden ihres Volkes auswendig zu lernen und zu rezitieren. Jeder Beruf war nicht wichtiger als die anderen, und die Männer hatten das Recht, ihn zu wählen.

Darüber hinaus waren Frauen nicht auf die Rolle der Haushälterin beschränkt. Frauen konnten die gleichen Positionen wie Männer einnehmen, sei es als Krieger, religiöse Figur oder sogar als politischer Führer. Sie hatten die gleichen Rechte wie Männer, einschließlich Scheidung und Vermögen auf ihren Namen.

Die religiösen Bräuche der Kelten

Das keltische Volk hatte einige religiöse Bräuche in seiner Kultur. Neben der Verehrung von Gottheiten betrachteten sie auch Teile der Natur als heilig. Eichen und Wälder sind ein Beispiel für ihre Ehrfurcht vor der natürlichen Welt. Sie verehrten die Natur, als wäre sie ein Wesen für sich. Rituale von religiöser und politischer Bedeutung wurden in Wäldern durchgeführt.

Zu den Ritualen gehörten auch Tier- und Menschenopfer, um bestimmte Gottheiten zu besänftigen. Es gibt Hinweise auf Menschen- und Tieropfer an heiligen Orten wie Feuchtgebieten und Wäldern. Sie verbrannten auch aus Stroh gefertigte Bildnisse mit Menschen darin, um die Götter zu besänftigen oder um Gerechtigkeit zu üben. Die Kelten opferten dem Meeresgott auch Waffen, indem sie sie in Sümpfe, Flüsse und andere Gewässer warfen.

Neben den grausamen Berichten über diese Aktivitäten verehrten die Kelten die Götter auch durch Feste. Im Mai feierten sie Beltane, das heute als Mittsommerabend bekannt ist und ein Tag für Tanz und Gesang war. Dieses Fest läutete die wärmeren Frühlings- und Sommermonate ein, die die Landwirtschaft förderten.

Samhain war der letzte Tag im Oktober und der erste im November, als man die Toten feierte und sogar Kostüme und Masken trug. Samhain war der Untergang der Sonne und damit wurde die Barriere zwischen der Realität und der Überwelt dünner. Man glaubte, dass in dieser Zeit die Ahnen und Geister mit den Lebenden in Kontakt treten konnten. Allerdings gab es auch böse Geister. Um sich vor diesen schädlichen Geistern zu schützen, zogen die Kelten Kostüme und Masken an, um sich zu verkleiden und so Schaden abzuwenden. Dieser Brauch ist einer der Vorläufer des heutigen Halloween-Festes.

Obwohl das keltische Volk nicht viele schriftliche Texte hatte, gab es doch Mythen und Legenden, die glücklicherweise nicht im Laufe der Zeit verloren gegangen sind. Einige der Geschichten sind verworren und unvollständig, weil es keinen schriftlichen Text gibt. Auch einige Gottheiten fallen in diese Kategorie, über deren Religion, Mythen und Legenden insgesamt wenig bekannt ist. Das Mysterium dieser Gottheiten und Geschichten hat Archäologen und Fans der Mythologie dazu veranlasst, Entdeckungen über die fast verschwundene Zivilisation und ihre einzigartige Sichtweise der Religion zu machen. Im nächsten Kapitel werden die Götter und Göttinnen angemessen vorgestellt.

KAPITEL I: II
HAUPTGÖTTER UND
-GÖTTINNEN

Im Gegensatz zu anderen Mythologien, wie der griechischen, römischen und ägyptischen, ist das keltische Pantheon unvollständig. Diese Mythologie ist dem nordischen Pantheon mit seinen unvollständigen Mythen ähnlich. Dennoch hat es eine Art Wiederauferstehung gegeben, um mehr über das keltische Pantheon zu erfahren. Keltische Musik aus Irland, von A-cappella-Gruppen wie Anuna und Celtic Women bis hin zu Schweizer Metal-Bands wie Eluveitie - sie alle singen Lieder über keltische Mythen. Diese Bands singen sowohl englische als auch keltische Texte. Anuna und Celtic Women sind auf das irische Keltisch spezialisiert, während Eluveitie sich auf die Mythologie und Sprache des alten Galliens konzentriert. Einige der Lieder von Eluveitie beziehen sich auf die Gottheiten selbst als Songtitel, mit kompliziertem Einsatz von Instrumenten und Heavy-Metal-Momenten, während sie gleichzeitig von Erinnerungen an das Leben damals erzählen. Dank der Popularität dieser Gruppen ist die keltische Erneuerung des Wissens über die Vorfahren und die vergessene Geschichte auf ihrem Höhepunkt.

Obwohl das keltische Pantheon derzeit wiederbelebt wird, gibt es nur wenige Darstellungen der Götter selbst. Da jeder Stamm seine eigene Sprache und damit auch seine eigenen Götter und Göttinnen hatte, stehen einige der Gottheiten für dasselbe Wesen, aber mit einem anderen Namen. Insgesamt gibt es etwa

400 verschiedene Gottheiten im keltischen Pantheon, einschließlich derer der einzelnen Stämme. In diesem Kapitel wird jedoch nur auf die gängigen Gottheiten eingegangen. Im Folgenden sind die wichtigsten Götter und Göttinnen in alphabetischer Reihenfolge aufgeführt; in Klammern stehen ihre Namen in anderen keltischen Sprachen.

Aengus (Aengus Óg, Óengus): Gott der Liebe

Aengus war der Gott der Jugend, der Liebe, der Poesie und des Sommers. Er wurde aus einer Affäre zwischen seinem Vater, dem Dagda, und dessen Geliebter Boann geboren, die ebenfalls eine der Flussgöttinnen war. Als Reaktion auf die Schwangerschaft seiner Geliebten belegte der Dagda seinen Sohn mit einem Zauber, um die Zeit von der Empfängnis bis zur Geburt zu beschleunigen, was dazu führte, dass Aengus ewig jung blieb. Er wurde oft mit Vögeln dargestellt, die um ihn herumflogen und seine Küsse und Liebe symbolisierten. Aengus und seine Geliebte erschienen oft als Schwäne, die sich gegenseitig umkreisen, ein Mythos, der in Kapitel 3 näher erläutert wird.

Belenos (Bel, Belus): Gott der Heilung

Diese Gottheit, die auch unter dem lateinischen Namen "Belenus" bekannt ist, war der Gott der Heilung, der Medizin, der Sonne, der Frühlingsfeste, der Landwirtschaft und des Feuers. Der Gott der Heilung war einst mit Danu, der Göttin der Weisheit und Fruchtbarkeit, verheiratet, hat aber sonst keine bekannten familiären Beziehungen. Seine Fähigkeiten ähneln denen von Apollo, dem Gott der Sonne, des Ackerbaus und der Heilung. Er wird oft mit Pferden und Blitzen dargestellt, um Konflikte zu schlichten. Während einige der anderen Gottheiten nur in einem einzelnen Stamm vertreten waren, gibt es Hinweise darauf, dass sich die Verehrung von Belenos von Italien bis nach Britannien erstreckte.

Brigid (Brigit): Göttin der Fruchtbarkeit

Brigid war die Tochter des Dagda und mit Bres verheiratet, einem Gott der Fruchtbarkeit und Tyrannen. Sie war auch die Mutter von Ruadan, einem Priester, der 600 n. Chr. für seine Prophezeiungen bekannt war und später einer der Zwölf Apostel Irlands wurde. Brigid war eine beliebte Göttin, denn sie war die Göttin der Heilung, des Schmiedens, des Feuers, der Poesie, der Leidenschaft, der Fruchtbarkeit und der Mutterschaft. Dem Historiker N.S. Gill zufolge wurde Brigid aufgrund ihrer hohen Verehrung nach der Eroberung der Kelten durch die Katholiken heiliggesprochen. Oft wurde sie mit den römischen Göttinnen Minerva und Vesta verglichen.

Cernunnos: Gott der Wildnis

Über den Gott der Fruchtbarkeit, des Getreides, der Natur, des Reichtums, der Unterwelt und der Tierwelt ist nicht viel bekannt: Cernunnos. Ohne die archäologischen Funde alter keltischer Kunst würde Cernunnos höchstwahrscheinlich nicht im Pantheon, wie wir es heute kennen, existieren. Cernunnos, auch als gehörnter Gott bekannt, wurde oft mit gehörnten Tieren wie Hirschen und Stieren in Verbindung gebracht. In der antiken Kunst wurde er oft als eine im Schneidersitz sitzende Figur mit massiven Hörnern auf dem Kopf dargestellt. Seine Beziehung zu den anderen Göttern ist unbekannt, aber man hat herausgefunden, dass der Gott zu jeder Wintersonnenwende wiedergeboren wird und zur Sommersonnenwende stirbt. Cernunnos wurde von den Druiden sehr verehrt.

Es wird auch angenommen, dass Cernunnos die Inspiration für Satans gehörnte Erscheinung im Christentum ist.

Der Dagda (Sucellos): König der Götter

Der Dagda war der König der Götter. Während viele Hauptgötter in anderen Mythologien wie der römischen, nordischen und griechischen Mythologie ihre Gottkönige als grausam und streitlustig darstellten, war der Dagda das Gegenteil. Er war als "der gute Gott" bekannt und herrschte über Wissen, Fruchtbarkeit, Reinkarnation, Tod, Wiedergeburt, Handwerker, Landwirtschaft, Schutz, Musik und viele andere Bereiche. Er war im Wesentlichen der Meister aller Berufe und der Beschützer des Landes. Er wurde oft als fröhlicher, lebenslustiger Gott mit einer Harfe an seiner Seite dargestellt, die mit magischen Eigenschaften ausgestattet war, um sowohl Gefühle als auch die Jahreszeiten zu verändern. In seinem Besitz befand sich auch ein Kessel, der nie leer wurde, und er war mit einem magischen Stab und einem Streitkolben für die Wiederbelebung bzw. den Tod ausgestattet.

Der Dagda war der Vater von Aengus, Aed, Brigid, Cermait, Danu und Bobd Derg und war mit der Morrigan verheiratet. Es gibt viele Geschichten und Mythen, die sich um den Dagda und seine Familie ranken und die in späteren Kapiteln näher beleuchtet werden.

Danu (Annan, Anu): Göttin der Weisheit und des Todes

Die alten Kelten betrachteten Danu als die Muttergöttin, nicht weil sie die Frau des Dagda war, sondern wegen ihrer Bedeutung. Danu war die Göttin der Erde, der Wetterbedingungen, der Fruchtbarkeit, des Todes und der Weisheit. Sie wurde oft als kampfbereit mit einem Raben auf der Schulter dargestellt, was ihre Herrschaft über Tod und Weisheit symbolisierte. Als Beschützerin des Landes wurde sie aufgrund ihrer Weisheit im Kampf verehrt. Neben ihrer Rolle als Herrscherin über Tod und Krieg sorgte sie auch für Leben und Wohlstand.

Danu war die Tochter des Dagda und die Frau von Belenos, dem Gott der Heilung, und von Beli, dem Gott des Meeres. Ob sie Kinder hatte, ist ein Rätsel. Es ist jedoch anzunehmen, dass sie die Kelten aufgrund ihrer hohen Verehrung als ihre Kinder betrachtete. Gelehrte glauben, dass ihr Einfluss auf die keltische Kultur für die Namensgebung der Donau, die durch Europa fließt, verantwortlich war.

Epona: Schutzpatronin der Pferde

Epona ist vielleicht die bekannteste Gottheit, die mit Pferden in Verbindung gebracht wird. In der Videospielserie *Legend of Zelda* ist eines der berühmten Gefährten von Link sein Pferd Epona. In der keltischen Mythologie ist Epona jedoch mehr als nur eine Begleiterin. Sie herrschte über Fruchtbarkeit, Landwirtschaft, Kalvarienberg, Pferde, Maultiere, Esel und Ochsen. In frühen Texten und Abbildungen wurde Epona nie in menschlicher Gestalt dargestellt, sondern entweder als Pferd oder als Maultier. Nachdem sie jedoch aufgrund ihrer Verehrung durch die römische Kavallerie in die römische Mythologie aufgenommen worden war, posierte sie in ihrer menschlichen Gestalt entweder auf einem Streitwagen oder auf einem Thron zwischen zwei Pferden. Wie bei vielen Gottheiten der keltischen Mythologie ist nicht bekannt, ob sie familiäre Beziehungen zu den anderen Gottheiten hatte.

Lugh (Lugus, Lamfhada, Luga): Der Gott der Könige

Lugh war der Gott der Könige, der Gerechtigkeit, der Sonne, der Täuschung, der Führung und der Handwerkskunst. Aufgrund seiner beeindruckenden Intelligenz und seiner Fähigkeiten im Kampf war er einer der wichtigsten Götter, die die Kelten verehrten. Um ihn ranken sich viele Mythen, darunter die Hinrichtung des einäugigen Balor. Die Kelten glaubten, dass er einen magischen Speer gegen seine Feinde einsetzte, der präziser war als der eines Menschen. Andere Mythen besagten, dass er die Fähigkeit besaß, sich in andere Identitäten und Formen zu verwandeln.

Dem Mythos zufolge war Lugh der Vater des bekanntesten Halbgottes Cu Chulainn. Neben seiner Vorliebe für Spiele und Rache nutzte er oft seine List, um Ehefrauen und Geliebte zu gewinnen. Ein Mythos über seine Geburt wird in Kapitel 4 behandelt.

Manannan(Manannanmac Lir): Gott des Meeres

Manannan war der Gott des Meeres und Wächter der Überwelt, der keltischen Version des Himmels oder Elysiums. Die gängigen Geschichten drehen sich um Manannan und seine Kinder, insbesondere sein Ziehkind Aengus und seine Tochter Niamh. Einige Quellen glauben, dass seine Frau Fand, eine Wassergottheit, oder Aine war. In einigen Texten wird angenommen, dass Aine seine Tochter ist. Der Vater von Manannan war der Meeresgott Lir.

Die Morrigan: Göttin des Krieges

Die Morrigan, auch bekannt als die Phantomkönigin, war die Göttin des Krieges, des Todes, der Prophezeiung und des Schicksals. Sie war eine der furchteinflößendsten Göttinnen des keltischen Pantheons, die oft in andere Formen überging. Ihre anderen Gestalten waren eine schwache, gebrechliche alte Frau, ein

Rabe oder eine Krähe, eine Wäscherin mit blutbefleckter Rüstung und ein Wolf. Man glaubte, wenn ein Krieger auf dem Schlachtfeld eine Krähe erblickte, war sein Tod nahe. Einer der Mythen über den Dagda und die Phantomkönigin dreht sich um die Prophezeiung seines Todes, auf die in Kapitel 5 näher eingegangen wird.

Die Morrigan wurde oft mit einer Dreiergruppe von Göttinnen in Verbindung gebracht, die ebenfalls ihren Namen trugen. In einigen Geschichten konnte sie entweder als einzelne Göttin dargestellt werden oder als Teil der Dreiergruppe mit ihren Schwestern Nemain, Badb und Macha. Sie war auch mit dem König der Götter selbst, dem Dagda, verheiratet.

Taranis: Gott des Donners

Taranis war der Gott des Donners, der Stürme und des extremen Wetters. Taranis wurde oft mit einem Blitz in der Faust dargestellt, während er auf einem Streitwagen fuhr, ein Bild, das sowohl Thor aus der nordischen Mythologie als auch Zeus aus der griechischen Mythologie widerspiegelt. Was ihn jedoch auszeichnete, waren die oft brutalen Rituale, die unter seinem Namen stattfanden. Zu diesen Ritualen gehörten auch zwei andere Götter: Esus, das Pendant zum römischen Gott Mars, und Teutates, der Gott des Stammes. Das Dreigestirn dieser Götter verlangte oft Menschenopfer, wie Caesar und später christliche Mönche feststellten, die die polytheistische Religion verunglimpften.

Es gibt Belege dafür, dass Menschenopfer - sei es unter einem Altar oder durch Verbrennung von Abbildern mit lebenden Menschen - eine gängige Praxis waren, um Taranis zu besänftigen. Er galt als einer der Beschützer des Landes und wurde von seinem Kult gefürchtet. Der Glaube an Taranis verbreitete sich von Irland bis nach Spanien und Frankreich, wo archäologische Funde von Rädern, einem seiner Symbole, gemacht wurden. Das Rad stand sowohl für Mobilität als auch für die schnelle Entstehung von Unwettern.

Schlussfolgerung

Die Götter und Göttinnen des keltischen Pantheons spielten alle eine wesentliche Rolle in den komplexen Lebensumständen der Kelten. Ausgehend von dem, was die Götter hauptsächlich repräsentierten, war es klar, dass das keltische Volk Fruchtbarkeit und Landwirtschaft mehr schätzte als jede andere Eigenschaft. Da es keine Texte gibt, um die Komplexität dieser Mythologie vollständig zu verstehen, ist sie bis heute für viele ein Rätsel. Von Videospielfiguren bis hin zu Liedern, die in altkeltischer Sprache geschrieben wurden, sind die Erinnerungen an die ferne Vergangenheit wieder auferstanden. Die Kreaturen, Halbgötter und Helden des alten keltischen Pantheons sind jedoch eine der Inspirationen für ein ganzes Genre von Fantasy und Horror.

KAPITEL 2: KREATUREN UND CHARAKTERE DES KELTISCHEN PANTHEONS

Es mag verlockend sein, sich die Legenden um König Artus und seine berüchtigte Reise vorzustellen, aber das keltische Pantheon ist älter als die Artuslegenden. Das keltische Pantheon kann als Urvater der Legenden über magische Kreaturen und mystische Orte angesehen werden, wobei sich die Mythen und Legenden stark auf das Übernatürliche und Fantastische stützen. Die Kreaturen reichten von harmlosen Späßen bis hin zu schrecklichen Ungeheuern. Die Überreste des keltischen Pantheons existieren bis heute und inspirieren immer wieder neue Schöpfer und Geschichtenerzähler mit ihrer Sammlung von Monstern.

Kreaturen und Ungeheuer

Trotz des Fehlens schriftlicher Texte verfügt die keltische Mythologie über einen großen Reichtum an einzigartigen und erschreckenden Kreaturen, die die menschliche Vorstellungskraft bereichern. Diese Kreaturen reichten von harmlosen Plagegeistern bis hin zu furchterregenden Monstern. Viele der übernatürlichen Kreaturen, die wir heute kennen, haben ihren Ursprung im keltischen Pantheon.

Balor

Der Legende nach gab es ein Reich, das viele der übernatürlichen Kreaturen als Heimat bezeichneten. Diese übernatürlichen Kreaturen waren als die Fomorianer bekannt, mit Balor als Anführer. Sie sollen in den dunklen Tiefen der Seen und Meere gelebt haben. Sie trieben oft ihr Unwesen unter den Sterblichen und den Göttern selbst.

Es wurde geschrieben, dass Balor ein böses Auge hatte und oft als Riese dargestellt wurde - ein Äquivalent zu den Zyklopen in der griechischen und römischen Mythologie. Sein böses Auge besaß die Macht, jeden zu töten, der es erblickte, weshalb er es oft geschlossen hielt. In vielen keltischen Mythen kam der Großkönig in einer Schlacht durch die Hand seines Enkels ums Leben, der von den Gelehrten für Lugh selbst gehalten wurde.

Banshee

Die Banshee war eine gewöhnliche Kreatur, deren Kreischen die Sterblichen vor dem bevorstehenden Tod warnte. Dieses Ungeheuer war in irischen Volkserzählungen weit verbreitet und diente sogar als Inspiration für viele Horrorgeschichten. Banshees wurden oft als schaurige Jungfrauen oder ältere Frauen dargestellt, deren grässliche Schreie die Sterblichen vor dem bevorstehenden schmerzhaften Tod ihrer Lieben warnten. Je nach Mythos waren diese kreischenden Geister in ein weißes Kleid oder einen grauen oder schwarzen Kapuzenmantel gekleidet. Ganz gleich, in welcher Form sie auftrat, ihre schaurigen Schreie kündigten den unausweichlichen Tod an.

Caorthannach

Caorthannach, auch bekannt als Feuerspucker, war ein weiblicher Schlangendämon, der den Heiligen Patrick bekämpfte. Manche hielten sie für die Mutter des Teufels. Der Heilige Patrick verfolgte sie vom Gipfel des Croagh Patrick, nachdem sie seinem Versuch entkommen war, alle dämonischen Schlangen ins Meer zu treiben. Während der Verfolgung vergiftete sie alle Arten von Trinkwasser und spuckte Feuer nach ihm, aber Patrick trank nicht, bis er sie ins Meer warf, um mit den anderen zu ertrinken.

Dearg-Due

Vor Brahm Stokers Dracula, der lose auf Vlad dem Pfähler basiert, gab es in der keltischen Folklore, insbesondere in Irland, einen bekannteren Vampir. Die Dearg-Due war ein schöner weiblicher Dämon, der Männer in den Tod lockte und ihnen das Blut aussaugte. Ähnlich wie Dracula, der es auf Frauen abgesehen hatte, machte Dearg-Due Jagd auf sterbliche Männer.

Das Original Dearg-Due war die Geschichte eines wohlhabenden, schönen, jungen Mädchens, das sich gegen den Willen ihres Vaters in einen Bauern verliebt. Ihr Vater bestrafte sie daraufhin, indem er sie zwang, einen anderen in einer arrangierten Ehe zu heiraten. Sie wurde jedoch ständig misshandelt, was zu ihrem Tod führte. Daraufhin schwor sie, sich an den Männern jenseits des Schleiers zu rächen.

Dullahan

Ein anderes in der heutigen Welt weit verbreitetes Wesen wurde von dem keltischen Ungeheuer, dem kopflosen Reiter, inspiriert. Er ritt auf einem schwarzen Pferd mit glühenden Augen und war mit einem schwarzen Umhang bekleidet. Er war der Vorbote des Todes und schreckte nicht davor zurück, unschuldige Zuschauer zu verletzen, wenn er in die Dörfer ritt. Dullahan trug seinen Kopf unter einem Arm und peitschte sein Pferd und die Schaulustigen mit einem menschlichen Stachel.

Die Legende besagt, dass, wenn er in ein Dorf ritt, der Tod bald folgen würde. Sobald jemand hörte, dass sein Name gerufen wurde, war das für ihn der sofortige Tod. Wenn der Tod eintrat, hob er seinen Kopf, um das Schauspiel zu beobachten. Zusammen mit der Todesfee erschienen die beiden oft gemeinsam und sagten den Tod vieler Menschen voraus.

Giganten

Viele der überlieferten gemeinsamen Mythen drehen sich um Giganten. Meistens standen die furchterregenden Riesen zwischen den Helden und ihren Zielen oder den Frauen, die sie liebten. Infolgedessen waren diese Hindernisse sowohl von der Größe als auch von der Stärke her fast unüberwindbar. Auch äußere Einflüsse, wie griechische und römische Mythen, können mit den Riesen in den keltischen Mythen verglichen werden.

Feen

Eine weitere häufige Kreatur des keltischen Pantheons ist eine der bekanntesten fantastischen Kreaturen überhaupt. Feen sind in den Medien allgegenwärtig, von Disney-Filmen bis hin zu Videospielen und Fantasy-Romanen. In der keltischen Mythologie waren Feen dafür bekannt, dass sie den Sterblichen Streiche spielten oder müde Reisende von ihrem Ziel abbrachten. Sie hatten eine menschenähnliche Gestalt und empfanden Emotionen wie Menschen, waren aber mit übernatürlichen Gaben und Kräften ausgestattet. Sie wurden auch in verschiedenen

Größen dargestellt, von der kleinsten Kreatur bis zur Größe eines Menschen. Feen oder Fae wurden oft in zwei Hauptkategorien eingeteilt: Unseelie und Seelie.

Die Unseelie-Fee trug Dunkelheit in sich. Meistens spielten die Unseelie-Fee, wie z. B. Gnome, den Menschen zum Spaß Streiche. Es gab jedoch auch einige, die mit Dämonen gleichzusetzen waren, wie z. B. Kobolde. Im Laufe der Geschichte glaubte man, dass diese Arten von Feen gefallene und degradierte Engel des Christentums, Geister der Toten oder einfach Dämonen seien.

Die Seelie-Fee hingegen waren hilfsbereite und fröhliche Geschöpfe, ähnlich den Feen, die heute in der Populärkultur dargestellt werden. Zu dieser Kategorie von Feen gehörten Kobolde, Irrlichter und ätherische Geister, die die Helden auf ihrer Reise begleiteten. Die Seelie-Elfen spielten den Menschen auch harmlose Streiche. Wenn eine Fee jedoch beleidigt wurde, stellte sie eine Bedrohung dar, um ihr Reich zu schützen.

Kobolde

Der Leprechaun ist ein fester Bestandteil der irischen Kultur, sowohl in der Gegenwart als auch in der Vergangenheit. Die kleinen, grün gekleideten Männer mit orangefarbenen Bärten trugen ein vierblättriges Kleeblatt, ein Symbol für Glück. Leprechauns waren einsame, übernatürliche Wesen, die oft gerne Unfug trieben. Einige Gelehrte glauben, dass Kobolde als Feen gelten, aber ihr einsamer Lebensstil widerspricht dieser Theorie. In späteren Jahren waren die Kobolde für ihre Schuhmacherei und ihre Angewohnheit, einen Topf Gold am Ende eines Regenbogens zu verstecken, bekannt. Es wurde auch weithin geglaubt, dass ein Kobold, der gefangen wurde, drei Wünsche erfüllen würde.

Die Bestie auf der Suche

Diese antike Bestie war eine Chimäre, die den Menschen oft Angst einjagte. Die Bestie wurde durch den Kopf einer Schlange, den Körper eines Leoparden, die Beine eines Löwen und die Hufe eines massiven Hirsches dargestellt. In den Legenden um Artus machte diese Kreatur oft Jagd auf Krieger und Ritter. Es wurde behauptet, dass die Kreatur mit einem Kampfschrei, der wie das gleichzeitige Heulen von 30 Wölfen klang, schnell zuschlagen konnte.

Sluagh

Die Sluagh waren die keltischen Geister ihres Pantheons. Sie galten als Sünder, die zwischen den Welten der Lebenden und der Toten gefangen waren. Ihre Seelen irrten auf der Erde umher, weil sie weder im Himmel noch in der Hölle erwünscht waren; in ihrer Wut und ihrem Kummer über ihre Lage stahlen die Sluagh die Seelen der Lebenden. Einige irische Familien hielten ihre nach Westen gerichteten Fenster stets geschlossen, um die Sluagh von ihren Häusern fernzuhalten. Es war jedoch üblich, dass die Sluagh in ihrer Wut über ihr Schicksal jede Seele, die sie sahen, entrückten.

Ein Halbgott und ein Held

Eine der Tragödien des verlorenen Pantheons ist, dass es so wenige Geschichten und Mythen gibt, die sich um Helden und Halbgötter drehen. Vollständigere Mythologien haben den Luxus vieler Mythen mit Halbgöttern, aber dem keltischen Pantheon mangelt es in dieser Hinsicht. Die meisten Geschichten sind im Laufe der Zeit verloren gegangen, als die vielen verschiedenen Kulturen der Kelten ausstarben. Caesar schrieb einmal, dass die Gallier zum Beispiel einen Schöpfungsmythos hatten, aber was übrig geblieben ist, sind Fragmente, die sich nicht zusammensetzen lassen. Das Gleiche gilt für Halbgötter und Helden.

Durch die traditionelle mündliche Überlieferung sind zwei Figuren bis heute in der irischen Folklore erhalten geblieben; andere Helden der zahlreichen über ganz Europa verstreuten Stämme verschwanden leider, als die Kelten gewaltsam zum Katholizismus konvertiert wurden. Trotz dieser Bekehrung erzählten sich die Iren jedoch weiterhin Geschichten über den großen Cu Chulainn und Finn mac Cumhaill.

Die vier Zyklen der Mythologie

Das keltische Pantheon hatte vier verschiedene Zyklen der Mythologie, in denen sich alle Geschichten abspielten. Jeder Zyklus war ein Zeitsprung von 2000 v. Chr. bis 1400 n. Chr. und hatte seine eigenen Formen von Magie und Intrigen. Die Namen dieser Zyklen lauteten: Der Invasions-Zyklus, der Ulster-Zyklus, der Fenian-Zyklus und der Zyklus der Könige.

Cu Chulainn

Cu Chulainn war Teil des Ulster-Zyklus der Mythologie, der die Geschichten von Uliad, einem Königreich mit einem mächtigen König namens Conchobar mac Nessa, umfasste. Cu Chulainn soll der Sohn des Sonnengottes Lugh und einer sterblichen Frau namens Deichtine sein. Um seine Geburt ranken sich mehrere Geschichten, eine skandalöser als die andere. Er wurde mit dem Namen Setanta geboren, und als er etwa fünf Jahre alt war, rettete er einen seiner Lehrer vor einem wilden Hund des Feindes. Daher hieß er fortan Cu Chulainn oder "der Hund von Culann". Cu Chulainn war ein furchterregender Krieger im Kampf, vor allem wegen seiner Berserkerfähigkeit. In diesem Berserkerzustand war es ihm unmöglich, Freund und Feind zu unterscheiden.

Cu Chulainn erlangte durch seine zahlreichen Fähigkeiten im Kampf und durch sein Leben Legendenstatus. Von der versehentlichen Tötung seines eigenen Sohnes über seine vielen Geliebten bis hin zu seinem Tod war Cu Chulainn ein Mann der Intrigen und erlebte viele Abenteuer. Die Geschichten, die sich um eine solche Figur in der Mythologie ranken, werden in Kapitel 6 erkundet.

Finn mac Cumhaill

Finn mac Cumhaill war ein Held, der für seine Fähigkeiten im Kampf bekannt war und seine Intelligenz nutzte, um in anderen Geschichten die Oberhand zu gewinnen. Er war Teil des Fenian-Zyklus, dessen Geschichten sich hauptsächlich um ihn drehten. Er basierte weitgehend auf einer historischen Figur aus dem dritten Jahrhundert n. Chr. und hat seinen Status als Legende innerhalb der irischen Mythen gefestigt. Die Geschichten wurden von seinem Sohn Oison, einem Dichter, erzählt.

Der Fenian-Zyklus der Mythologie beschreibt das Leben von Finn mac Cumhaill. Mythen wie der Lachs des Wissens und die Erschaffung des Giant's Causeway in Irland gehörten zu den bekanntesten, die von seinem mächtigen Wissen und seinen geschickten Kampftechniken erzählen. Die Beschreibung des Helden besagt, dass er so groß wie ein Riese war und einen magischen Daumen besaß, der ihm Weisheit und Wissen vermittelte.

Schlussfolgerung

Die mythischen Kreaturen und Legenden des keltischen Pantheons waren bemerkenswert in ihrer Fähigkeit, künftige Schöpfer zu inspirieren. Die Ungeheuer waren furchterregend, und die Helden verlangten Respekt und Bewunderung. Die Kreaturen reichten von Leitgeistern und Plagegeistern bis hin zu tödlichen Ungeheuern, die sowohl für die Helden der Legende als auch für die gewöhnlichen Sterblichen Chaos verursachten. Diese Kreaturen, insbesondere die mit magischen Elementen ausgestatteten, waren nur ein Teil der Mythen, die das keltische Pantheon umgaben. Im weiteren Verlauf dieses Buches werden die Geschichten um einige dieser Kreaturen, Helden und Gottheiten näher beleuchtet.

KAPITEL 3: DIE MYTHEN VON AENGUS

Wie andere Mythologien auch, war die keltische Mythologie oft von Themen wie Liebe/Lust, Machtstreben oder der Rettung von Familienmitgliedern vor einem erbitterten Feind durchdrungen. Die Mythen in den kommenden Kapiteln bilden da keine Ausnahme. Gewalt, Blutvergießen und Täuschung sind in den Mythen von Aengus allgegenwärtig, einschließlich seiner Geburt und dem Grund für seine Verwandlung in einen Schwan.

Das Produkt einer Affäre

Die Erschaffung von Aengus war ein Mythos, der von seinem Vater, dem Dagda, und seiner Mutter, Boann, einer Göttin des Flusses Boyne, in Täuschung verpackt wurde. Boann war mit Elcmar verheiratet, der ein Verwalter des Dagda war. Boann hegte tiefe romantische Gefühle für den Dagda, die dann eines Nachts vollzogen wurden. Einige Quellen behaupten, dass der Dagda sie im Traum besuchte, während andere behaupten, dass er sie persönlich besuchte. Unabhängig davon, wie es geschah, war die Empfängnis von Aengus unvermeidlich. Um ihre Gefühle füreinander zu vervollkommnen, schickte der Dagda Elcmar auf einen Botengang.

Die Sonne an ihrem Platz halten

Nachdem entdeckt worden war, dass ein Kind gezeugt worden war, nutzte der Dagda seine Kräfte, um den Lauf der Zeit zu kontrollieren. Um das uneheliche Kind vor Elcmar zu verbergen, hielt der Dagda die Sonne an ihrem Platz, bis das Kind geboren war. Neun Monate lang hielt der Dagda die Sonne an ihrem Platz, um Elcmar und allen anderen vorzugaukeln, dass nur ein Tag vergangen war.

Während Elcmars Abwesenheit sorgte der Dagda dafür, dass der Haushofmeister sich nicht unwohl fühlte. Es gelang ihm, Durst, Hunger und sogar die Dunkelheit von Elcmar zu vertreiben und ihm vorzugaukeln, dass nur ein Tag vergangen war. In der Zwischenzeit wuchs das Kind in Boanns Schoß heran, bis es geboren wurde. Boann nannte ihr Kind Aengus und übergab es dem Dagda, der es sicher vor Rache versteckte, falls Elcmar jemals von der Affäre seiner Frau und dem daraus resultierenden Kind erfahren sollte.

Der Dagda vertraute das Kind Midir an, einem seiner Söhne, der die Rolle einer Vaterfigur übernehmen sollte. Mit jedem Tag, der verging, wurde Aengus geschickter in seinen Wortspielen, was ihn für zukünftige Erfolge in geistreichen Kämpfen prädestinierte. Das Kind wuchs zu einem stattlichen jungen Mann heran, der nie alterte. Man glaubte, dass seine Unsterblichkeit darauf zurückzuführen war, dass der Dagda die Sonne festhielt, während er im Mutterleib war.

Das Schloss zurückfordern

Es ist unklar, wann Aengus seine wahre Abstammung entdeckte, aber es war irgendwann, nachdem er volljährig war. Es wird spekuliert, dass diese Entdeckung von seinem Ziehvater und seiner Frau Fuamnach stammen könnte, die beide in einem späteren Mythos vorkommen. Nach dieser Entdeckung überlistete Aengus seinen Stiefvater, um sein rechtmäßiges Zuhause zurückzufordern.

Als er die Wahrheit über seine Geburt erfuhr, suchte Aengus den Dagda auf und verlangte von ihm, ihm Land zu geben, so wie er es kürzlich für seine anderen Kinder getan hatte. Der Dagda weigerte sich und überzeugte stattdessen seinen Sohn, das Haus von Elcmar in Bru na Boinne zu stehlen.

Aengus klopfte mit seiner schlüpfrigen Zunge an die Tür von Bru na Boinne, die Elcmar öffnete. Aengus bat darum, in dem Haus übernachten zu dürfen. Da man in der alten keltischen Welt großen Wert auf Gastfreundschaft legte, willigte Elcmar ein, über Nacht zu bleiben.

Laa ocus aidce. "Ein Tag und eine Nacht". Wenn diese Worte in der alten irischen Sprache gesprochen wurden, können sie auch so missverstanden werden, dass sie "alle Tage und alle Nächte" bedeuten. Aengus wollte, dass diese Worte in diesem Zusammenhang verwendet werden. Aengus' kluges Wortspiel verwirrte und demütigte Elcmar noch mehr, als angeordnet wurde, dass Elcmar seine Ländereien an den Sohn der Affäre seiner Frau abtreten musste.

Alternativer Mythos

Es wurde auch spekuliert, dass Aengus diesen Trick bei dem Dagda selbst anwandte, um seinen rechtmäßigen Platz zurückzuerobern. Anstatt zu Elcmars Haus in Bru na Boinne zu gehen, behaupteten einige Geschichten, dass die Residenz des Dagdas an diesem Ort war. Aus Wut darüber, dass sein Vater sich weigerte, ihm Land zu geben, während seine Geschwister das ihre bekamen, spielte Aengus dem Dagda genau diesen Trick vor, der den Gott der Könige dazu zwang, seinem Sohn eben dieses Land zu geben.

Das Werben von Etain

Das Werben von Etain war einer der vollständigsten Mythen des Invasionszyklus der keltischen Mythologie. Der Invasionszyklus war Teil der Kriege zwischen verschiedenen übernatürlichen Wesen - Göttern und Kreaturen gleichermaßen -, die darum kämpften, Irland als ihr Eigentum zu beanspruchen. Dieser erste Zyklus enthielt die Geschichten der alten Götter, und sein Mythos war einer der berühmtesten.

Die verschmähte Frau

Midir der Stolze, Bruder und Ziehvater von Aengus, war einst der König des Feenvolkes, das als Tuatha De Danann bekannt ist. Er und seine Frau Fuamnach lebten viele Jahre lang zusammen und waren mit ihrer Beziehung zufrieden. Sie lebten in Bri Leith, genauer gesagt, in den Hollow Hills.

Eines Tages, als Midir mit seinen Männern auf der Jagd war, begegnete er dem schönsten jungen Mädchen, das er je gesehen hatte, als es sich am Bach die Haare wusch. Er entdeckte, dass sie den Namen Etain trug. Die beiden verliebten sich sofort ineinander, und Midir wollte sie heiraten und nach Hause nach Bri Leith bringen. Sie stimmte der Heirat zu, und die beiden wurden kurz darauf getraut.

Midir und Etain verbrachten viel Zeit miteinander, und ihre Schönheit sprach sich schnell im ganzen Königreich herum. Die beiden trennten sich nur selten, denn Midir konnte es nicht ertragen, lange von ihr getrennt zu sein. Er vernachlässigte die Bedürfnisse seiner ersten Frau, was einen Wutanfall mit Magie und Rache auslöste. Nachdem sie ihren Mann in den Armen einer anderen gesehen hatte, verdunkelte sich der Trost und die Liebe, die sie einst empfunden hatte, mit Wut, Verrat und Eifersucht. In ihrer Not nahm sie die Hilfe eines Druiden in Anspruch, um einen magischen Zauber zu wirken.

Der Druide Bressal drang zusammen mit Fuamnach nachts in das Schlafgemach von Etain ein, während sie schlief. Bressal beschwor einen Sturm herauf und verwandelte Etain von der schönsten Jungfrau des Landes in eine Fliege. Der Sturm riss sie mit sich und warf sie weit weg von der Burg ihres Geliebten, Midir des Stolzen.

Das Leben einer Fliege

Sieben lange Jahre lang wurde Etain von dem Sturm, der ihre Flügel zerschunden und zerrissen hat, durch das Land gepeitscht. Ihre sieben Jahre des endlosen Fluges fanden ihr Ende, als sie auf der Fensterbank von Bru na Boinne landete. Als sie sich endlich ausruhen konnte, kletterte sie in Aengus' Schlafgemach, während er anwesend war.

Aengus erkannte Etain sofort als das, was sie war; er durchschaute den Zauber, mit dem der Druide und Fuamnach sie belegt hatten. So sehr er sich auch bemühte, es gelang ihm nicht, den Zauber vollständig rückgängig zu machen. Es gelang ihm, ihr die menschliche Gestalt zu geben, die ihr am ähnlichsten war. Von der Abenddämmerung bis zum Morgengrauen wurde Etain in ihr menschliches Ich zurückverwandelt. Aengus pflanzte in den sonnigsten Ecken seines Gartens die duftendsten und farbenprächtigsten Blumen und Sträucher für sie an, während sie ihre Tage als Fliege verbrachte.

Mit der Zeit kamen sich Aengus und Etain näher und verliebten sich schließlich ineinander. Das Paar glaubte, dass sie viele lange, glückliche Jahre miteinander verbringen würden. Das einzig Vorhersehbare im Leben ist seine Unberechenbarkeit. Schon bald entdeckte die verschmähte erste Frau von Midir den Zufluchtsort ihres Rivalen.

Fuamnach verwandelte sich in einen Raben und beobachtete von einem Apfelbaum in der Mitte des Gartens aus. Sie entdeckte die zarte Etain, als sie von Blüte zu Blüte ging. Mit einem Schnabelhieb schnappte sich Fuamnach Etain und beschwor einen weiteren gewaltigen Sturm herauf. Wieder einmal wurde sie von ihrem Zuhause weggefegt, weit weg von den Feenhügeln und in ein Gebiet, in das sich nur wenige Feenvölker je wagten.

Nach dem zweiten Verschwinden von Etain erkannte Aengus, dass sie von dem eifersüchtigen Fuamnach entführt worden war. In seiner Wut warf er einen Zaubertrank in die Luft und rief die Götter an, ihr Elend auf Erden zu beenden. In der Zwischenzeit wurde Etain von einem anderen Windstoß erfasst, der sie in das Königreich Ulster wehte.

Der König von Ulster, Etar, feierte ein großes Fest mit seinen Adligen, die sich in der Burg zu einer Nacht voller Tanz und Fröhlichkeit versammelt hatten. Etar saß neben seiner Frau und genoss die Festlichkeiten. Sie hielt einen Kelch mit Wein in den Händen und genoss die Zeit an der Seite ihres Mannes.

Erschöpft ließ sich Etain auf den Rand des Weinbechers fallen. Angelockt von seinem süßen Aroma, beugte sie sich vor, um einen kleinen Schluck zu nehmen. Sie rutschte aus und spritzte in den Wein, als die Königin den Kelch an ihren Mund führte. Die Königin verschluckte Etain. In den folgenden Wochen entdeckte Etars Frau ihre wundersame Schwangerschaft und trug Etain in ihr nächstes Leben als Sterbliche. Die Götter erhörten Aengus' Hilferuf, sobald Etain verschluckt und in den Schoß einer sterblichen Königin eingebettet war. Etar und seine Frau nahmen ein kleines Mädchen namens Etain auf. Sie war die gleiche Etain wie zuvor, nur ohne die Erinnerungen an ihr früheres Leben.

In den Jahren vor der Wiedervereinigung von Midir und Etain verfolgte Aengus seine Ziehmutter auf der Suche nach Rache. Er spürte sie dort auf, wo sie mit ihrem Druidenfreund Bressal wohnte, und enthauptete sie. Seine brutale Trophäe trug er zurück nach Hause in die Bru na Boinne.

Endlich gemeinsam

Midir und Etain wurden viele Jahre später wiedervereint, nachdem sie bereits mit dem König von Erin, Eochu, verheiratet war. Eochu hatte auch einen Bruder namens Ailill, der durch die Krankheit seiner unerwiderten Liebe zu Etain abgemagert war. Als ihr Mann die Burg verließ, um sein Reich zu bereisen, gestand Ailill ihr seine Liebe, und das einzige Heilmittel für seine Krankheit war sie. Sie wollte, dass er sich besser fühlte, und erklärte sich bereit, sich mit ihm in einer Hütte auf dem Hügel zu treffen, die vor neugierigen Blicken geschützt war, und die Affäre aus dem Bett des Königs herauszuhalten.

Midir infiltrierte die Burgmauern und verkleidete sich bei jedem der drei Male als Ailill. Sie traf sich mit Midir, aber sie merkte, dass mit dem Bruder ihres Mannes etwas nicht stimmte. Anstatt sich mit dem Hochstapler zu treffen, unterhielt sie sich mit Midir. Beim dritten Treffen gestand Midir schließlich, wer er war und welches Mädchen sie vorher war.

Zunächst weigerte sie sich zu glauben, dass sie eine wiedergeborene Sterbliche sei. Nach viel Überzeugungsarbeit glaubte sie schließlich Midir und stimmte zu, mit ihm nach Hause zu gehen, wenn Eochu es erlaubte. Als Eochu in seinem Schloss ankam, forderte Midir ihn zu einer Schachpartie heraus.

Eochu schien anfangs der überlegene Spieler zu sein. Die Einsätze wurden ständig erhöht, wobei Midir immer mehr verlor. Im allerletzten Spiel schlug Midir eine Herausforderung vor, bei der der Gewinner Etain küssen und umarmen durfte. In dem Glauben, dass er gewinnen würde, stimmte Eochu der Herausforderung zu. Leider verlor der König die Wette. Eine Bedingung, die er stellte, war, dass Midir seinen Preis nach einem Jahr einfordern konnte.

In jenem Jahr verlangte Eochu, dass seine Burg in Vorbereitung auf die Rückkehr seines Feindes schwer bewacht werden sollte. Trotz der zahlreichen Wachen schlich sich Midir unbemerkt in die Burg. Dort stellte er den König zur Rede, um seine Beute einzufordern. Als der König einwilligte, dass die beiden sich küssen und umarmen durften, verwandelten sich Etain und Midir in Schwäne und flogen davon.

Midir und seine wahre Liebe verwandelten sich in Schwäne, um nach Jahren des Wartens endlich das Leben zu genießen, das sie sich gemeinsam gewünscht hatten. In diesem nächsten Mythos gibt es einige Ähnlichkeiten zwischen den beiden Brüdern, die endlos nach ihrer wahren Liebe suchen.

Die Träume von Aengus

Der Gott der Liebe zu sein, hatte sicherlich seine Vorteile, und Aengus nutzte sie oft aus. Er konnte jede Frau dazu bringen, sich in ihn zu verlieben, egal ob sie eine Sterbliche oder sogar eine mächtige Göttin war. Er nutzte sein gutes Aussehen und seine samtene Zunge, um Frauen in sein Bett zu locken. Außerdem sangen die Vögel, die ihn umgaben, wunderschöne Lieder, die ihm dabei halfen, die Frauen zu umwerben.

Die Frau seiner Träume

Aengus träumte eines Nachts im Schlaf von einer schönen Jungfrau. Obwohl er ihren Namen nicht kannte, verliebte er sich sofort in ihre Schönheit. Mit einem Schreck wachte er auf und erkannte, dass er gerade das Gesicht seiner wahren Liebe gesehen hatte. Sein Herz drehte sich vor Sehnsucht und Schmerz, weil er sie nicht kennenlernen konnte, und so bat er seine Mutter Boann und eine Viehgöttin namens Bealach na Bo Finne um Hilfe.

Ein Jahr lang suchten sie das Land ab, bevor sie erschöpft und mit leeren Händen zurückkehrten. Die Göttinnen konnten die geheimnisvolle Frau aus Aengus' Träumen nicht finden. Verzweifelt bat er seinen Vater, den Dagda, um Hilfe bei der Suche nach seiner verlorenen Liebe. Ein weiteres Jahr verging, bevor der Dagda zurückkehrte und ihm mitteilte, dass auch er die junge Maid nicht finden konnte.

In einem letzten Versuch, seine lang vermisste Liebe zu finden, bat Aengus einen der Freunde des Dagda, König Bodg Derg aus dem Königreich Munster, um Hilfe. Wieder wartete Aengus ein Jahr, bis Bodg Derg zurückkehrte, aber diesmal verriet er, wie er sie endlich gefunden hatte. Er teilte Aengus ihren Aufenthaltsort mit und nannte ihm dann ihren Namen: Caer Ibormeith. Nachdem er alles erfahren hatte, was er wissen musste, machte er sich auf den Weg, um die Liebe seines Lebens zu finden.

Eine Nadel im Heuhaufen

Als Aengus am Ort seiner verlorenen Liebe ankam, war es der letzte Tag von Samhain oder dem heutigen Halloween. Am Ufer des Sees, der als Drachenschlund bekannt ist, entdeckte er 150 Frauen, die paarweise an Ketten gefesselt waren. Er wusste, dass seine wahre Liebe hier war und darauf wartete, dass er sie aus ihrer Gefangenschaft befreite.

Empört begann er ein Gespräch mit den Entführern der Frauen. Dabei stellte sich heraus, dass sich alle Frauen am Ende von Samhain für ein Jahr in Schwäne verwandeln würden. Aengus erklärte, dass er glaubte, eine Frau sei seine Seelenverwandte. Er wettete, dass er sie heiraten dürfe, wenn er seine Jungfrau als Schwan finden würde. Die Entführer stimmten der Wette zu. Als er in die Gesichter der 150 Frauen blickte, erkannte er das Gesicht der Frau aus seinen Träumen. Ihre Augen waren voller Hoffnung, als sein Blick auf ihr landete und er sie erkannte.

Die Liebe eines Schwans

Nachdem sich die Frauen in Schwäne verwandelt hatten, schien es für Aengus hoffnungslos. Es gab keine Möglichkeit, Caer anhand ihres derzeitigen Aussehens von einem anderen Schwan zu unterscheiden. Er überlegte einen kurzen

Moment, bevor er beschloss, auch seine Liebe zu finden, indem er sich in einen Schwan verwandelte. Nach seiner Verwandlung rief er nach seiner wahren Liebe, die ihm daraufhin antwortete.

Aengus und Caer waren nach vielen Träumen über sie endlich vereint. Als sie sich entdeckten, flog das Paar davon und sang das schönste Lied, das die Menschheit kennt. Ihre Harmonie in dem Lied verzauberte ihre Entführer in einen Schlaf, der sie drei Tage lang schlafen ließ, bevor sie erwachten.

Seit dieser Nacht verwandelt sich das perfekte Paar jedes zweite Jahr am Ende von Samhain wieder in Schwäne. Das Paar und die anderen 149 Frauen scharen sich zusammen und behalten ihre Schwanenform für den Rest des Jahres bei. Sie blieben in diesem ewigen Tanz zwischen den Formen mit einer nie endenden Liebe.

Schlussfolgerung

Aengus taucht in insgesamt fünf verschiedenen Mythen des keltischen Pantheons auf. Sein Einfluss und seine Macht im Kontext der Mythen garantierten seinen Erfolg als Gott, und er war bei den Kelten eine geliebte Gottheit. Obwohl die Umstände seiner Geburt skandalös waren, war er für die keltischen Völker auch ein Leuchtfeuer der Hoffnung. Er und sein Bruder Midir waren in der Lage, die Liebe zu finden und zu bewahren, nach der sie gesucht hatten, sogar während des schmerzhaften Spiels des Wartens. Aengus hatte viele Gaben, aber die Beharrlichkeit der Liebe war seine bemerkenswerteste.

KAPITEL 4: DAS LEBEN VON LUGH

Als einer der bedeutendsten Götter des keltischen Pantheons war Lugh ein Meister aller Handwerke und glaubte an den Wert von Eiden. Im Kampf war er unübertrefflich und war als Lumfada oder "langer Arm" bekannt. Dies bezog sich auf den Speer, den er im Kampf bevorzugte, und auf seine Beherrschung dieser Waffe. Lugh, der sowohl geliebt als auch gefürchtet wurde, war einst der Herrscher über das Volk der Tuatha de Danann. Als Gott der Gerechtigkeit und der Eidesleistung ist es wahrscheinlich, dass sein Name eine keltische Hommage an den Ausdruck "durch einen Eid binden" war. Obwohl er König war und über die Gerechtigkeit herrschte, bediente er sich auch der List, zu betrügen, zu lügen und zu stehlen, um seine Feinde zu überwältigen.

Aufgrund der Bedeutung Lughs für das Pantheon haben die Kelten sogar ein Fest nach ihm benannt. Am ersten August feierten die Kelten das Leben und den Tod von Lugh, insbesondere seinen Sieg in Tir na nOg, auf den wir später in diesem Kapitel eingehen werden. Das Leben von Lugh war ein faszinierendes Leben, das auch nach seinem Tod weiterging.

Die Geburt von Lugh

Wie Aengus war auch Lugh ein Kind, das in einer skandalösen Umgebung geboren wurde. Um diese einzigartige Geburt ranken sich verschiedene Mythen, aber eine hebt sich von den anderen ab. Einige Mythen besagen, dass sein Vater Cian und seine Mutter Ethniu geheiratet haben, um eine Verbindung zwischen dem Volk der Tuatha De Danann und den Fomorianern herzustellen. Diesem Mythos zufolge waren die Tuatha De Danann gerade dabei, die Fomorianer zu überfallen, und die Heirat war das Ergebnis eines endgültigen Friedens zwischen den Reichen. Es entstand jedoch eine spätere Version des Mythos, die von der Prophezeiung seiner Geburt erzählt.

Eine prophetische Vision

Balor, eine der legendären Kreaturen des keltischen Pantheons, war der König der Fomorianer, einer Ethnie von Dämonen, die in den Tiefen der Meere und Seen lebten. Eines Tages sprach ein Druide von einer Prophezeiung über Balor: dass er von seinem Enkel getötet werden würde. Der entsetzte Balor eilte zurück auf seine Burg und befahl, seine Tochter Ethniu in einen Turm namens Tor Mor, den "großen Turm", auf der irischen Insel Tory zu sperren.

Sie sollte nicht erfahren, dass es Männer gibt, die eine Schwangerschaft verhindern, und somit auch nicht die Prophezeiung. Ethniu war zum Zeitpunkt ihrer Gefangenschaft noch sehr jung. Balor war sehr genau darauf bedacht, wer sich um seine Tochter kümmerte, und so vertraute er sie nur Frauen an, die sich um sie kümmerten. Insgesamt kümmerten sich zwölf Frauen in verschiedenen Schichten um alle ihre Bedürfnisse, als sie erwachsen wurde.

Die schicksalhafte Nacht

In der Zwischenzeit gab es außerhalb des Tor Mor eine berühmte Kuh, deren Milch so gut ankam, dass sie sogar Balor anlockte. Die Kuh wurde von Cian, dem Vater von Lugh, für seinen Bruder gehütet, der zu dieser Zeit verreist war. Cian war auch einer der Heiler der Götter und nahm eine angesehene Position im Pantheon ein.

In seiner Gier wollte Balor die magische Kuh für sich haben. Er bot an, die Kuh zu kaufen, aber Cian lehnte das Angebot ab. Wütend verwandelte sich Balor in einen kleinen rothaarigen Sterblichen mit Sommersprossen, der eine Leidensgeschichte erzählte. Er täuschte Cian und konnte ihn mit seiner List überzeugen, ihm die Kuh zu geben.

Bald darauf merkte Cian, dass er hereingelegt worden war. Er hatte Gerüchte über eine in einem Turm gefangene Frau gehört, die zufällig auch die Tochter von Balor war. Um sich für den Diebstahl zu rächen, suchte Cian eine Zauberfee namens Birog auf, die sich bereit erklärte, ihm zu helfen. Sie zauberte einen Zauber, der ihn auf die Spitze des Turms brachte, in dem Ethniu gefangen gehalten wurde.

Nachdem er durch ein Fenster eingestiegen war, stellte Cian sich vor und begann, Ethniu zu umwerben. Bald darauf verführte er sie und kletterte durch das Fenster zurück, um die gestohlene Kuh zu holen. In der Hoffnung, dass die Saat für seine Rache aufgegangen war, floh er aus der Gegend.

Das fast ertrunkene Kind

Lugh wurde in dieser Nacht zusammen mit seinen beiden anderen Geschwistern gezeugt. Als die Zeit verging, erkannte Balor, dass seine Tochter tatsächlich schwanger war. Nachdem sie ihre Drillinge zur Welt gebracht hatte, riss ihr Vater sie aus ihren Armen, packte sie in ein Bündel Laken und befahl einem Diener, sie im See zu ertränken. Die Dienerin gehorchte. Es gelang ihr, die ersten beiden

Drillinge zu ertränken, aber den dritten ließ sie in den Hafen fallen. Dieses dritte Kind war Lugh, der dann von Birog gerettet wurde.

Als Birog erkannte, wer der Vater des Kindes war, gab sie Lugh an Cian zurück. Um seinen Sohn weiter zu schützen, beschloss Cian, seinen Sohn zu jemandem in Pflege zu geben. In verschiedenen Erzählungen des Mythos werden Cians Bruder Gavida, der Gott der Schmiedekunst, der Meeresgott Manannan mac Lir und sogar die Königin von Bilrog, Tailtiu, als seine Pflegeeltern genannt. Da Lugh versteckt war, kam der Tag von Balors Rache nie, aber er zementierte die Prophezeiung, die sich entfalten sollte, weiter.

Lugh und die Tuatha De Danann

Nachdem er wie durch ein Wunder überlebt hatte, wuchs Lugh zu einem stattlichen jungen Mann heran. Mit der Zeit beherrschte er alle Berufe und Fertigkeiten, bis er schließlich Mitglied der Tuatha de Danann werden wollte. Als Beschützer der Götter erkannte er, dass er eine beträchtliche Menge an Macht besitzen und sich den Respekt der niederen Völker verschaffen konnte.

Ablehnung und Trickserei

Lugh beherrschte jedes Handwerk, das er und die Götter für wertvoll hielten. Fertigkeiten in Berufen wie Schmiedekunst, Schwertkunst, Geschichte, Poesie, Zauberei und viele andere wurden als oberste Priorität angesehen, wenn man jemandem erlaubte, Herrscher über ein bestimmtes Handwerk zu sein. Er betrat die Halle von Nuada im Reich von Tara, dem Palast der Götter.

Er klopfte an die Türen des Palastes und verlangte eine Audienz beim König, um seine Fähigkeiten unter Beweis zu stellen. Diejenigen, die der Aufmerksamkeit des Königs würdig waren, erhielten Zugang, um dem König mit ihren Gaben zu dienen. Lugh bewies immer wieder, dass er eines Platzes in der Tuatha De Danann würdig war. Jedes Mal, wenn er vom Pförtner empfangen wurde, wurde er jedoch abgewiesen, da die Rollen bereits besetzt waren.

Nach der endgültigen Ablehnung wurde ihm klar, dass er sein Ziel mit einer einzigen Fähigkeit allein nicht erreichen konnte. Neugierig geworden, schmiedete er einen Plan und fragte den Türsteher, ob die Rolle des Meisters aller Fertigkeiten besetzt sei; die Antwort war nein. Infolgedessen fand sich Lugh als Gott mit dem Titel "Meister aller Fähigkeiten" wieder. Nach seiner Audienz beim König war er fortan als Chief Ollam oder "Meister aller Fertigkeiten" bekannt.

Retter der Götter

Als Lugh schließlich Zugang zum Palast erhielt, musste er feststellen, dass sein Volk von den Fomorianern unterdrückt wurde. Sie befanden sich in ständiger Angst und Unterwerfung unter die Fomorianer, was Lugh überraschte. Die Fomorianer veranstalteten einen Wettkampf, um zu sehen, wer in verschiedenen Aufgaben wie dem Werfen einer Fahne und im Kampf am geschicktesten war. Lugh trat gegen den Meister Ogma an und gewann jeden Wettbewerb, wie sein neuer Name und Titel vermuten ließen. Anschließend spielte er zur Unterhaltung der Fomorianer und des Hofes auf der Harfe.

Nuada, der derzeitige König der Götter, wandte sich aufgrund seiner Fähigkeiten an Lugh und fragte sich, ob dieser junge Mann ihre Rettung sein könnte. Lugh wurde daraufhin in die Kampfstrategien eingeführt, als die Tuatha De Danann begannen, sich auf den Krieg gegen die Fomorianer vorzubereiten. Ihre Vorbereitungen sollten jedoch nicht von Dauer sein, denn es kam zur Ersten Schlacht von Moytura.

Während dieses Konflikts kam es zu einer Pattsituation zwischen den Tuatha De Danann und den Fomorianern. Nuada hatte seine rechte Hand verloren und war nach ihren Bräuchen gezwungen, abzutreten. Nach den Traditionen der Tuatha De Danann sollte ein König unbefleckt bleiben; da der König seine Hand verloren hatte, konnte er nicht länger König sein. Der nächste in der Reihe war daher Bres, der den Krieg hinauszögerte. Bres war ein Halbblut, wobei ein Elternteil Fomorianer war.

Die zweite Schlacht von Moytura

Mit der Zeit herrschte Bres über die Tuatha De Danann und trug zu deren Versklavung durch die Fomorianer bei. König Bres regierte 27 Jahre lang und zwang sein Königreich, sich dem Willen der Fomorianer zu beugen. Die erste Schlacht von Moytura verschwand aus dem Gedächtnis aller, außer aus dem von Lugh. Während König Bres regierte, machte sich Lugh auf, um Nuada, den rechtmäßigen König, zu finden und den Thron zurückzufordern. Wright berichtet, dass Lugh zusammen mit zwei anderen, die angeblich Cians Vater und Bruder waren, dabei half, zwei Fäuste zu schmieden: einen aus Silber und einen aus Fleisch, um zu Nuada zurückzukehren und ihm zu helfen, den Thron zurückzufordern. Als Nuada wieder ganz war, konnte Lugh seine Truppen versammeln und sich auf einen neuen Krieg vorbereiten.

Vor der letzten Schlacht bei Moytura inspirierte Lugh die Truppen, indem er sie fragte, welche Fähigkeiten sie mitbrachten. Als er jeden einzelnen Mann und jede einzelne Frau aufrief, wuchs ihre Inspiration und Entschlossenheit, die Schlacht zu gewinnen. Viele der Truppen wussten, dass sie aus der Schlacht nicht zurückkehren würden, aber ihr Wille, für die Freiheit von Unterdrückung und Sklaverei zu kämpfen, übertraf selbst die mächtigen Geister der Götter und Könige. Nach Lughs letzter Rede erklärten sie den Fomorianern den Krieg.

Die Prophezeiung entfaltet sich

Die brutale Schlacht war lang, blutig und anstrengend. Auf beiden Seiten wurde
Blut vergossen, da beide Seiten tapfer kämpften. Erschöpfung tropfte von den
Gliedern aller, als das Metall der gegnerischen Kräfte aufeinander prallte. Beide
Seiten hatten schwere Verluste zu beklagen. Nuada entthronte Bres, nachdem er
seine Hand zurückgewonnen hatte. Nach Bres' Sturz weigerten sich die Fomori-
aner, ihre Niederlage zu akzeptieren; die Tuatha De Danann, inspiriert durch die
Beseitigung eines Tyrannen, kämpften noch härter.

Nuada wurde bald nach der Entthronung von Bres von Balor erschlagen. Balor
enthauptete den König mitten in der Schlacht. Der plötzliche Verlust ihres
Königs erschütterte alle Tuatha De Danann. Viele von ihnen wankten, als ihnen
klar wurde, was mit ihrem König geschehen war, doch die plötzliche Trauer
schürte ihren Blutrausch und ihre Rachegelüste. Lugh war nicht anders und
suchte seinen Großvater auf.

Bevor Balor seine glorreiche Tötung richtig genießen konnte, stellte sich Lugh
ihm entgegen. Aus dem einen Auge des Riesen strahlten Erkennung und Furcht.
Er öffnete sein anderes Auge, das dafür berüchtigt war, alle zu vergiften, die es
ansahen. Lugh war darauf vorbereitet. Sobald das Auge geöffnet war, ließ er einen
Stein aus seiner bewährten Schleuder los. Das Projektil traf Balor in sein giftiges
Auge und tötete ihn auf der Stelle. Er kippte um, und die Schreckensherrschaft
starb mit ihm. Der Kreis der Prophezeiung hatte sich geschlossen.

Auflösung

Nach dem Tod von Balor wendete sich das Blatt zugunsten der Tuatha
De Danann. Als der geliebte König der Fomorianer fiel, schwand auch ihr
Kampfeswille. Die Tuatha De Danann trieben die Fomorianer in den See, den

sie dann als Teil ihres Reiches beanspruchten. Die Schlacht war gewonnen, aber es gab noch eine offene Frage zu klären: wie man mit Bres umgehen sollte.

Lugh machte Jagd auf Bres, nachdem die Schlacht gewonnen war und Bres allein und wehrlos auf dem Schlachtfeld lag. Bres flehte auf Händen und Knien darum, verschont zu werden. Lugh willigte ein, aber nur, wenn Bres sich bereit erklärte, sein Wissen darüber zu teilen, was und wann das Land der Tuatha De Danann gepflanzt, gesät und geerntet werden sollte. Bres stimmte den Bedingungen zu, wurde aber später von Lugh getötet, als dieser ihm die vergiftete Milch von 300 Holzkühen gab und ihn zwang, sie zu trinken.

Lugh bewies, dass er alle Fertigkeiten beherrschte, insbesondere die des Kampfes, und wurde offiziell zum König der Tuatha De Danann erklärt. Er herrschte viele Jahre lang über das Königreich - etwa 40 Jahre - bis zu seinem Tod und dem Beginn des Endes der Herrschaft der Tuatha De Danann.

Der Tod des Königs

Lugh wurde zwar für seine Fähigkeit gepriesen, das Reich der Götter zu regieren, war aber auch ein Betrüger und für seine ständigen Affären bekannt. Im Laufe seines Lebens hatte er mindestens drei verschiedene Ehefrauen mit den Namen Bui, Buach und Nas. Es ist derzeit nicht bekannt, ob seine Frauen alle gleichzeitig mit ihm verheiratet waren oder ob er sich scheiden ließ und wieder heiratete. Lugh war jedoch nicht erfreut, dass seine Frauen außereheliche Affären hatten. Eine seiner Frauen, Buach, hatte eine Affäre mit dem Sohn des Dagda, Cermait.

Als Lugh die Affäre entdeckte, tötete er Cermait in einem feurigen Racheanfall. Nachdem der Liebhaber seiner Frau getötet worden war, tat er so, als sei nichts geschehen, und setzte sein Leben wie gewohnt fort. Cermaits drei Söhne, Mac Cuill, Mac Greine und Mac Cehct, begannen, ihre Rache zu planen.

Die Söhne von Cermait nahmen den einst großen König gefangen, durchbohrten ihm den Fuß und setzten ihn am Ufer eines Sees fest. Danach ertränkten sie ihn im See, indem sie seinen Kopf unter Wasser drückten, bis er nicht mehr atmen konnte. Er versuchte, gegen die drei Feinde zu kämpfen, aber als seine Kräfte schwächer wurden, konnten die Söhne ihn überwältigen. Sie ließen seinen Körper im See zurück und gaben ihm den Namen Loch Lugborta.

Nach seinem sterblichen Tod wurde Lugh nach Tir na nOg oder in die Überwelt geschickt, die in anderen Pantheons und historischen Texten mit Elysium und Himmel gleichgesetzt wird. Die Überwelt war auch als das Land der endlosen Jugend bekannt, was bedeutet, dass es keinen Tod, keine Krankheit und kein Altern gibt. Lugh besuchte oft das Reich der Sterblichen, und es wurde angenommen, dass er nach seinem Tod den legendären Cu Cuthlainn zeugte.

Schlussfolgerung

Das Leben und der Tod von Lugh war eine faszinierende Geschichte von Betrug, Rache und Liebe, die alle zu einer Einheit verschmolzen. Von den Umständen seiner Geburt bis zu seinem Plan, König der Götter zu werden, war Lugh das Kind der Prophezeiung und ein Gott der Gerechtigkeit. Er war eine Gottheit, die man weder im Leben noch im Tod auf die leichte Schulter nehmen durfte. Das keltische Volk schöpfte Weisheit und Kraft aus seinen Mythen. Zu Ehren seines Lebens und seiner Reise nach Tir na nOg wurde ausschließlich ein Fest in seinem Namen veranstaltet. Lugh war bei den Kelten sehr beliebt und inspirierte alle, die ihn verehrten.

KAPITEL 5: DER DAGDA

Der Dagda, auch bekannt als der oberste König des keltischen Pantheons, wurde vom Volk für seine Fröhlichkeit und Ernsthaftigkeit gleichermaßen bewundert. Der Dagda wurde oft als massig wie ein Riese und mit einem zerfledderten Kapuzenmantel dargestellt, der ihm zu klein war. Teile seines Körpers wurden als überlebensgroß dargestellt. Aufgrund des Einflusses des Christentums auf das keltische Volk stellten die Katholiken diese Gottheit als komische Satire dar, um jegliche Autorität, die die Gottheit besessen hatte, zu untergraben.

Der Dagda trug viele Beinamen und Attribute, aber am berühmtesten war er als König der Götter. Er herrschte 80 Jahre lang über die Tuatha De Danann, bevor er starb und Lugh aus seiner Herrschaft aufsteigen konnte. Eine der bemerkenswertesten Auswirkungen auf das keltische Pantheon war die Erinnerung daran, dass alle Dinge sterben, sogar die Götter selbst.

Die Dagda und die magischen Werkzeuge

Der Dagda war berüchtigt dafür, drei magische Werkzeuge in seinem Besitz zu haben, als er über die Tuatha De Danann herrschte: einen magischen Kessel, einen Stab und eine Harfe. Jedes von ihnen repräsentierte seine Meisterschaft auf einem bestimmten Gebiet. Diese Werkzeuge und die Art und Weise, wie er in den Mythen dargestellt wurde, verdeutlichten seine Brillanz und Weisheit während seiner Zeit als König.

Der Kessel

Der Kessel, den er auf seinen Reisen mit sich führte, soll angeblich bodenlos sein. Dieser magische Bronzekessel, der als *coire ansic* bekannt ist, war dafür bekannt, dass er nie leer wurde und jedem, der mit ihm reiste, einen vollen Bauch bescherte. Es hieß auch, dass der Kessel so groß war, dass zwei Männer bequem darin Platz finden konnten. Zu den magischen Fähigkeiten des Kessels gehörten die Wiederbelebung von Toten und die Heilung von Verletzungen aller Art.

Dieser Kessel war auch einer der vier Schätze der Tuatha De Danann. Jeder Schatz befand sich auf einer bestimmten Insel mit Prüfungen und einem Dichter, der mehrere Künste beherrschte: Wissen, Druidentum, magische Fähigkeiten und prophetische Visionen. Um einen dieser Schätze zu gewinnen, musste der Herausforderer gegen den Dichter antreten, um die volle Beherrschung des Themas zu erreichen.

Es gab vier Inseln und Städte, die mit jeder dieser Fähigkeiten verbunden waren. In der Stadt Falias lebte der Dichter Fessus oder Morfessa, der den Stein von Fal besaß. Dieser Schatz wurde mit dem König von Irland als Ganzes in Verbindung gebracht und verlieh dem König daher Kräfte. Die Stadt Gorias mit dem Dichter Esras bewahrte einen Speer auf, den Lugh später in seinem Leben verwendete. Der Speer verlieh dem Träger im Grunde Unbesiegbarkeit gegen eine Armee von Feinden. Die Stadt Findias mit dem Dichter Uscias besaß das Schwert des Lichts, das später an Nuada weitergegeben wurde. Dadurch konnten die Feinde dem Schwert nicht mehr entkommen, sobald es gezückt war. Der Kessel schließlich befand sich im Besitz des Dichters Semias in der Stadt Murias.

Leider gibt es derzeit keine Geschichte oder einen Mythos darüber, wie der Dagda in den Besitz dieses Kessels gelangen konnte. Die Gelehrten streiten darüber, ob er sich den Kessel selbst verdient oder die Arbeit eines anderen angenommen hat.

Das Personal

Ein weiteres berüchtigtes Andenken des Dagda war der Stab, den er immer bei sich trug und der *lorg mor* genannt wurde. In verschiedenen Übersetzungen des Mythos wurde der Stab aufgrund der vielen Sprachen der Kelten auch als Keule bezeichnet. In jedem Fall verlieh diese wertvolle Waffe dem Dagda die Fähigkeit, sowohl zu töten als auch wieder aufzuerstehen.

Es gibt nur einen Mythos, in dem geschildert wird, wie der Dagda von drei Männern, die Geschenke ihres Vaters bei sich trugen, mit dem Stab ausgestattet wurde. Diese Geschichte begann, nachdem der Sohn des Dagda, Cermait, von Lugh getötet worden war, weil er eine Affäre mit seiner Frau hatte. Der Dagda fand seinen Sohn, nachdem Lugh ihn aus Rache ermordet hatte, und trug Cermait weinend auf seinem Rücken. Er legte Cermait sanft auf den Boden, nachdem er eine große Strecke zurückgelegt hatte, und begann, alle Zaubersprüche zu sprechen, die er kannte, um seinen Sohn von den Toten zurückzubringen. Während er verschiedene Beschwörungsformeln flüsterte, bedeckte er ihn auch mit Kräutern.

Es war alles vergeblich. Sein Sohn erwachte nicht, und so trug der Dagda Cermait durch die Welt, bis er auf östliche Händler traf. Er fand drei Männer, die jeweils ein Geschenk ihres Vaters bei sich trugen, das sie ihm überreicht hatten. Der Dagda fragte sie, was das für Geschenke seien, und sie antworteten mit drei Dingen: einem Mantel, einem Stab und einem Hemd. Der Stab war mit magischen Kräften der Auferstehung und der Zerstörung ausgestattet, der Mantel erlaubte es dem Träger, sich in alles zu verwandeln, während er ihn trug, und das Hemd sorgte dafür, dass der Träger bei Krankheit oder Traurigkeit gesund blieb.

Der Dagda interessierte sich vor allem für den Stab. Die drei Männer beschrieben ihm die Kräfte des Stabes. Das glatte Ende diente der Auferstehung, und das raue Ende konnte bis zu neun Feinde auf einmal töten. Er bat darum, den Stab ausleihen zu dürfen, und tötete die Männer dann gleichzeitig. Nach dem Gemetzel erweckte der Dagda Cermait wieder zum Leben. Nachdem Cermait wieder erwacht war, überzeugte er seinen Vater, auch den Männern, die er getötet hatte, das Leben zurückzugeben, und der Dagda stimmte zu.

Sobald die Männer am Leben waren, erlaubte er ihnen, den Mantel und das Hemd zu behalten, damit sie nicht ohne sie sein würden. Der Stab hingegen war etwas, das er sich ursprünglich geliehen hatte und auf das er keinen Anspruch hatte. Der Dagda schwor, dass der Stab nach seinem Tod an seinen rechtmäßigen Besitzer zurückgehen würde.

Die Harfe

Seine vertraute Harfe, die auch als *"uaithne"* oder "Four Angled Music" bekannt ist, war ebenfalls mit besonderen magischen Eigenschaften ausgestattet. Die Harfe selbst bestand aus Eichenholz und war mit Gold und Juwelen verziert. So großartig ihr Anblick auch war, die Musik, die der Dagda spielte, war unbeschreiblich. Sie verlieh dem Dagda die Macht, die Stimmung eines jeden in Hörweite zu verändern und auch die Jahreszeiten zu wechseln.

Es ist nicht bekannt, wie die Harfe in den Besitz des Dagdas kam, aber es gibt einen Mythos, der sich um sie rankt. In der Zweiten Schlacht von Moytura nutzte der Dagda die Magie der Harfe, um die gegnerischen Streitkräfte zu beeinflussen. In der Schlacht spielte er musikalische Akkorde, um die Männer zu inspirieren, ihre Ängste zu vergessen und sich auf Blutlust und Rache zu konzentrieren. Nach der Schlacht konnten sich die Männer so an den Ruhm der Schlacht erinnern, statt an den Schmerz ihrer Verletzungen und die Trauer über die verlorenen Waffenbrüder.

Bevor die Zweite Schlacht von Moytura gewonnen wurde, wurde die Harfe eines Nachts gestohlen, als die Fomorianer und die Tuatha De Danann im Krieg gegeneinander standen. Die Fomorianer hatten von der glorreichen Harfe des Dagda und der Macht, die sie verleiht, gehört. Während der Dagda in den vielen Schlachten kämpfte, schlichen sich die Fomorianer in sein unbewachtes Haus, um die Harfe zu stehlen. Nach ihrem erfolgreichen Diebstahl glaubten sie, dass die Harfe ihnen nützen und gleichzeitig die Tuatha De Danann schwächen würde.

Als ihm seine Harfe gestohlen wurde, eilte der Dagda zum Hauptquartier, einer alten, verlassenen Burg, die den Fomorianern als vorübergehende Unterkunft diente. Die Harfe hing an einer Wand hinter dem Ort, an dem sich alle Fomorianer versammelt hatten, um zu essen und den Sieg über ihre Rivalen zu feiern. Als der Dagda jedoch die verlassene Burg betrat, rief er nach seiner Harfe. Die Harfe folgte der Stimme ihres Meisters, bis sie wieder vereint waren. Der Dagda spielte ein Lied auf der Harfe, woraufhin die Frauen und Kinder weinten; die Männer versteckten ihre Gesichter in ihren Mänteln, weil sie sich des Diebstahls schämten. Das nächste Lied, das er spielte, ließ alle Fomorianer hysterisch lachen, so dass sie sich nicht mehr bewegen konnten. Und das letzte Lied, das er spielte, war so friedlich, dass es die Bevölkerung in den Schlaf lullte.

Bei der anfänglichen Verteidigung, um den Dagda daran zu hindern, die Harfe zurückzuerobern, stürzten sich neun Männer auf ihn. Mit seinem Stab tötete der Dagda die neun Männer alle auf einmal.

Die Rückkehr des Stabes

Die Dagda kämpften zusammen mit vielen Gottheiten, darunter Lugh und Nuada, in der Zweiten Schlacht von Moytura gegen die Fomorianer. In der keltischen Mythologie war diese Schlacht einer der wenigen verbliebenen Teile des ersten mythologischen Zyklus, des Invasionszyklus, der den Aufstieg und Fall der Tuatha De Danann beschreibt. In dieser Schlacht erlitten beide Seiten schwere Verluste, darunter auch der Dagda.

Wie man die Kriegsgöttin umwirbt

Vor der Zweiten Schlacht von Moytura spitzte sich der Konflikt zwischen den Fomorianern und den Tuatha De Danann immer weiter zu. Beide Seiten wussten, dass eine Schlacht unausweichlich sein würde; sie hatten bereits einen früheren Konflikt hinter sich, und nachdem die Fomorianer unter der Herrschaft von Bres standen, wurden sie noch arroganter und unerschütterlicher. Die Götter sorgten jedoch dafür, dass sie in der Schlacht einen kleinen Vorteil gegenüber ihren Gegnern haben würden.

Der Dagda war für die Erbeutung von Vieh, einschließlich Rindern und Schafen, zur Gewinnung von Milch und Fleisch zuständig. Er versuchte, die Fomorianer um ihre wichtigen Ressourcen zur Versorgung ihrer Armeen zu bringen, wobei er sich auf Rinder und Schafe konzentrierte. Obwohl seine Diebstähle insgesamt wenig brachten, hielten sie die Fomorianer auf Trab und machten sie auf die Anwesenheit der Tuatha De Danann aufmerksam.

Als die Spannungen ihren Höhepunkt erreichten, bereiteten sich beide Seiten auf einen Krieg vor. Der Dagda stattete in seiner unendlichen Weisheit der Morrigan, der Göttin des Krieges, des Todes und der Prophezeiung, einen Besuch ab. Ein König der Götter zu sein, hatte seine Vorteile, und der Dagda nutzte alle Privilegien und das Prestige, die mit diesem Titel verbunden waren. Er besuchte die Morrigan, während sie an Samhain badete, und gewährte ihr Zugang zu ihm. Sie lehnte zunächst ab, da sie wusste, worauf der Dagda wirklich aus war, aber er verführte sie trotzdem.

Beeindruckt von seinen Fähigkeiten als Liebhaber, willigte sie ein, den Tuatha De Danann zu helfen, indem sie ihnen ihre Gunst gewährte. Indem sie ihre Kräfte als Prophetin einsetzte, gewährte sie ihm eine Vision der bevorstehenden Schlacht, aus der die Tuatha De Danann siegreich hervorgingen, warnte ihn jedoch, dass ein hoher Preis zu zahlen sei. Unbeeindruckt davon verließ er die Morrigan, um weiter an Kampfstrategien zu arbeiten.

Die letzte Schlacht: Tuatha De Danann vs. Fomorianer

Während der Zweiten Schlacht von Moytura setzte der Dagda alle drei seiner magischen Gegenstände ein, um ihm zu helfen. Als Lugh die Truppen für die Schlacht sammelte, rief er den Dagda an und fragte ihn, welche Gaben er benutzte, um sicherzustellen, dass die Tuatha De Danann die Schlacht gewannen. Als erstes nannte er seinen mächtigen Stab, mit dem er neun Feinde auf einmal töten konnte. Er erwähnte auch die Harfe, um die Fomorianer zu erschrecken und die Soldaten in Blutrausch und Schlachtruhm zu versetzen. Der Kessel sollte sicherstellen, dass jeder Mann und jede Frau versorgt und geheilt wurde.

In der großen Schlacht, nachdem Nuada durch die Hand von Balor gefallen war, eilte der Dagda seinem Bruder zu Hilfe. Voller Wut und Trauer stürzte er sich in den Kampf mit der Frau von Balor Cethlenn. Als die beiden in den Kampf zogen, verwundete sie den Dagda mit einer Projektilwaffe wie einem Speer tödlich, aber die Waffe selbst bleibt ein Geheimnis.

Die Schlacht wurde gewonnen, und die Tuatha de Danann gingen, wie vorhergesagt, als Sieger hervor. Der Dagda kehrte in sein Haus in Bru na Boinne zurück, wo er zur Ruhe gelegt wurde. Sein Stab wurde dann an die Familie der drei Männer zurückgegeben, von denen er ihn ursprünglich geliehen hatte. Wie vom Dagda selbst versprochen, ging der Stab nach seinem Tod an seinen rechtmäßigen Besitzer zurück.

Der Dagda herrschte 70-80 Jahre lang über die Tuatha De Danann, je nach den verschiedenen Nacherzählungen des Mythos. Auch wenn sein physischer Körper gestorben war, lebte sein Geist weiter.

Wie die meisten Mitglieder der Tuatha De Danann gehen sie nach ihrem Tod in die Überwelt über. Ihr Geist kann jedoch weiterhin durch Feenhügel angesprochen werden. Wenn jemand in großer Not war, konnte er den Gott anrufen, indem er mit dem Feenhügel sprach, der sich in der Nähe seines Hauses befand.

Schlussfolgerung

Die allumfassenden Mythen des Dagda hatten viele Spekulationen über die Art der Gottheit hervorgebracht, die er war. Er war vielleicht nicht so berüchtigt wie andere Gottheiten wie Lugh oder sogar die Morrigan, aber der Dagda hatte einen außergewöhnlichen Bogen für seine Entwicklung als Gott und als Geschichte selbst. Der Dagda war eher dafür bekannt, dass er in Schlachten magische Werkzeuge einsetzte, und natürlich dafür, dass er den Liebesgott Aengus zeugte, indem er eine Affäre mit der Flussgöttin Boann hatte. Seine vielen fragwürdigen Entscheidungen führten ihn auf den Weg zu vielen Siegen und Erfolgen in seinem Geschlecht als Gottheit. Der Dagda war höchstwahrscheinlich der mächtigste aller Götterkönige, einschließlich Lugh. Im nächsten Kapitel wird der berüchtigte Sohn von Lugh vorgestellt: Cu Chulainn.

KAPITEL 6: DIE MYTHEN VON CU CHULAINN

Cu Chulainn, vielleicht eine der bekanntesten Figuren des alten keltischen Pantheons, galt als Held und Inspiration für viele Mythen. Von seiner Geburt bis zu seinem Tod war Cu Chulainn eine Figur, die sowohl bei seinen Freunden als auch bei seinen Feinden Respekt und Bewunderung hervorrief. Die Mythen, die sich um diese Figur ranken, wecken auch heute noch dieselbe Furcht und Bewunderung, denn seine Geschichten werden immer noch von Generation zu Generation weitergegeben.

Der Jagdhund von Culann

Die Geburt von Cu Chulainn war das Ergebnis der Untreue des Sonnengottes Lugh selbst. In einigen Nacherzählungen des Mythos wurde geglaubt, dass Lugh eine sterbliche Frau namens Deichtine im Traum geschwängert hat. Deichtine war zu dieser Zeit mit Sualtam verheiratet. So sehr man auch glaubte, dass Cu Chulainn eine Reinkarnation des Sonnengottes selbst war, so sehr ließ die daraus resultierende Schwangerschaft Sualtam glauben, dass seine Frau eine Affäre hatte. Kurz darauf wurde der Junge geboren.

Setanta

Es ist derzeit ein Rätsel, wie Sualtam reagierte, als er erfuhr, dass seine Frau eine Affäre gehabt hatte. Zweifellos gab es Fragen zur Geburt des Kindes, aber es scheint, dass Sualtam Cu Chulainn aufzog, als wäre es sein eigenes Kind. Der Junge, der den Namen Setanta trug, hatte eine glückliche Kindheit. Er wurde von seiner Mutter und seinem Stiefvater geliebt, obwohl sie ihm nie von seiner wahren Abstammung erzählten. Setanta half seiner Familie auf dem Bauernhof, indem er Kühe melkte, Holz hackte und andere Aufgaben erledigte, die nur einem Kind vorbehalten waren.

Setanta war jedoch kein gewöhnliches Kind. Er war besessen davon, zu lernen, wie man seine Gegner bekämpft. Eines Tages, als er etwa fünf Jahre alt war, hörte er zufällig, wie die Jungen der Gegend über eine Schule sprachen, in der die besten Krieger des Landes ausgebildet wurden. Die Schule war als Macra bekannt. Wenn die Kinder die zahlreichen Prüfungen bestanden und sich im Kampf bewährt hatten, wurden sie in die berühmte Kämpfergilde, die Red Branch Knights, aufgenommen.

Setanta wollte unbedingt dabei sein. Er flehte seine Eltern an, ihn in die Schule zu schicken, aber sie sagten ihm, er sei noch zu jung dafür. Schließlich würden sich die Kühe nicht selbst melken.

Gegen den Willen seiner Eltern besuchte er die Schule noch am selben Tag mit einem Schild aus Ästen, einem Stock und einem harten Ball. Er stapfte durch die Landschaft, bis er auf die Schule stieß. Die Kinder spielten dort Hurling, eine Sportart, die dem modernen Feldhockey ähnelt. Da Setanta bereits ein talentierter Spieler war, nahm er am Spiel teil und schoss schnell ein Tor.

Die Vorahnung von Großartigkeit

Die Kinder waren wütend darüber, dass der Nachwuchsspieler ohne zu zögern ein Tor geschossen hatte. Setanta, der durch die plötzliche Feindseligkeit verwirrt war, gewann die Fassung wieder, als die Kinder begannen, ihn mit Schleudern und harten Bällen zu bewerfen. Ein paar trafen ihn, aber dann begriff er, dass er angegriffen wurde. Anstatt sich umzudrehen und wegzulaufen, hielt Setanta die Stellung und wich allen Schlägen aus, die auf ihn einprasselten. Am Ende war er von mindestens 30 Kindern umzingelt, die alle bewusstlos geschlagen wurden.

Der Schulleiter und König der Gegend, Conchobar, hörte den Aufruhr draußen und machte sich auf den Weg nach draußen, wo er den Lärm der Kämpfe hörte. In der Erwartung, etwas Schlimmeres zu sehen, war er angenehm überrascht, als er Setanta von den anderen Kindern umringt sah. Der König nahm den jungen Setanta automatisch auf und veranstaltete ihm zu Ehren sogar ein Fest auf der Burg.

Der neue Name

Der König war damit beschäftigt, seinen Freund Culann zum Festmahl einzuladen, und vergaß Setanta völlig. In dem Glauben, dass alle anwesend waren, ließ Culann seinen Hund als Wächter am Eingang des Schlosses frei laufen. Die anderen Schüler begannen zu essen, der König und sein Gast setzten sich zum Essen.

Setanta kam im Schloss des Königs an, um an dem ihm versprochenen Festmahl teilzunehmen. Begierig darauf, seine Ausbildung zu beginnen, machte sich Setanta auf den Weg zu den Schlossmauern, als er von einem Hund begrüßt wurde, der den Eingang bewachte. Der Hund, der nicht wusste, dass Setanta ein Gast des Königs war, griff ihn an. Es entbrannte ein erbitterter Kampf zwischen den beiden Kräften. Setanta wich den Angriffen aus und tötete den Hund in Selbstverteidigung mit einem schnellen Schlag.

Das Kreischen und Knurren lockte den König und Culann an. Der König erin-
nerte sich an Setanta und eilte ihm zu Hilfe, da er das Schlimmste für das Kind
befürchtete. Stattdessen fand er den zerschmetterten Körper des Hundes auf dem
Boden. Setanta lebte und war größtenteils unverletzt, abgesehen von ein paar
Kratzern von der Rauferei.

Culann weinte über den Verlust seines Wachhundes. Um das Missverständnis
wiedergutzumachen, bot Setanta seine Dienste an: Er schwor, Culanns Haus zu
bewachen, während ein neuer Hund gefunden und aufgezogen wurde. Sowohl
der König als auch Culann waren erstaunt über das Versprechen eines Kindes,
aber auch sie stimmten der Vereinbarung zu.

Alle im Festsaal waren sich einig, dass eine solche Tat nicht unbemerkt bleiben
sollte. Dem Jungen, der einen so mächtigen Feind getötet hatte, sollte ein neuer
Name gegeben werden. Von da an war Setanta als Cu Chulainn bekannt, oder
"der Hund von Culann".

Andere Nacherzählungen

Obwohl diese Nacherzählung des Mythos eher für Kinder gedacht ist, gibt es
Variationen des Mythos, die den Einsatz erhöhen. In einer Variante ist der Anfang
derselbe, aber die Umstände des Todes des Hundes sind anders. In dieser Version
war Culann kein Freund des Königs, sondern einer seiner Feinde, der versuchte,
dem König aufzulauern und ihn zu töten. Als Setanta auf der Burg ankam, wurde
er vom Klirren von Metall begrüßt. Er eilte herbei, um den König vor dem Hund
zu schützen, und tötete ihn. Culann floh. Die Geschichte des Heldentums bleibt
jedoch im Kontext des Mythos bestehen.

Die (vielen) Liebhaber von Cu Chulainn

Cu Chulainns Ansehen als Krieger folgte ihm im Laufe der Jahre auf seinen vielen Reisen und Schlachten. Als junger, attraktiver und mächtiger Mann hatte er eine Vielzahl von Geliebten. Untreue zieht sich wie ein roter Faden durch die Mythen des keltischen Pantheons, und die Geschichte von Cu Chulainn war nicht anders.

Jung und ledig

Viele der Männer, mit denen Cu Chulainn Abenteuer erlebte, waren in ständiger Sorge, dass er versuchen würde, ihnen die Frauen wegzunehmen. Der junge Halbgott war ein attraktiver junger Mann, und er nutzte sein Aussehen oft zu seinem Vorteil bei den Frauen. Um dem abzuhelfen, suchten die Männer weit und breit nach einer geeigneten Frau für Cu Chulainn, aber ohne Erfolg. Zwar verliebten sich viele in ihn, aber er mochte sie nicht.

Doch eine Frau erregte die Aufmerksamkeit von Cu Chulainn. Ihr Name war Emer, die Tochter von Forgall Monach, der gegen den Kampf war. Er schmiedete einen Plan, nach dem Cu Chulainn in Schottland bei einer Kriegerin namens Scathach trainieren sollte. Ihre Fähigkeiten als Kriegerin waren legendär, und er glaubte, dass Cu Chulainn ihr nicht gewachsen sein würde. Als er dies Cu Chulainn vorschlug, stimmte dieser zu und reiste nach Schottland, um zu trainieren. Während er trainierte, zeugte er auch einen Sohn namens Connla, war aber in seinem Leben nicht wirklich präsent.

Nach seiner Ausbildung kehrte er nach Irland zurück und hielt um die Hand von Emer an. Emer's Vater war immer noch nicht mit der Heirat einverstanden. Wütend stürmte Cu Chulainn die Burgmauern und tötete viele von Monachs Männern, wobei er sich die Ausbildung aus Schottland mit Scathach zunutze machte. Geschlagen gab der König schließlich seinen Segen und erlaubte den beiden, zu heiraten.

Der Tod seines Sohnes

Ein weiterer Mythos um diesen mächtigen Krieger ist der Unfalltod seines Sohnes Connla. Die Frau, die sein Kind gebar, hieß Aife. Sie war die Rivalin von Scathach und in einigen Versionen ihre Zwillingsschwester. Cu Chulainn und Aife lieferten sich einen Kampf, bei dem beide fast gleich stark waren, aber Cu Chulainn behielt die Oberhand. Er täuschte sie mit der Behauptung, ihr Wagen und ihre Pferde seien im Eifer des Gefechts von einer Klippe gestürzt. Aifes Pferde und Wagen waren ihr wertvollster Besitz. Als sie abgelenkt war, hielt er ihr ein Messer an die Kehle und verlangte, dass sie ihm ein Kind gebären sollte.

Nachdem er Schottland verlassen hatte, war Aife noch immer mit seinem zukünftigen Sohn Connla schwanger. Als die Jahre vergingen, wollte der junge Connla wissen, wer sein Vater war. Er reiste nach Irland, um seinen Vater zu suchen. Aus Rache für Cu Chulainns Abwesenheit befahl sie dem Jungen, sich nicht zu erkennen zu geben oder vor einem Kampf zurückzuschrecken. Da Connla auch im Kampf geübt war, glaubte er, dass er jeden Feind, der sich ihm entgegenstellte, besiegen würde. In der Nacht erreichte Connla das Haus seines Vaters.

Der Lärm von Connlas Ankunft alarmierte Cu Chulainn. Er ergriff seinen bewährten Speer und stürzte sich auf den Eindringling, als dieser sich weigerte, sich zu erkennen zu geben. Cu Chulainn glaubte, dass dies eine Bedrohung darstellte, und griff Connla an. Vater und Sohn lieferten sich einen erbitterten Kampf, und Connla hätte Cu Cuthlainn fast besiegt. Sein Vater war schneller, schleuderte den Speer nach Connla und traf ihn in die Brust.

Erst als der Berserker verblasste und das Licht der Schlacht aus seinen Augen wich, wurde Cu Chulainn klar, dass er seinen Sohn getötet hatte.

Die Eifersucht von Emer

Emer wusste von allen Rendezvous Cu Chulainns mit den Damen, und obwohl sie von Natur aus keine eifersüchtige Frau war, wurde sie doch eifersüchtig, wenn er sich in eine andere verliebte. In diesem Fall war es Fand, die Frau des Meeresgottes Manannan mac Lir. Cu Chulainn rettete sie vor den Fomorianern, als diese den Gott am Meeresufer angriffen, um das sich Manannan kümmerte, und ließ sie zurück.

Nachdem die Schlacht gewonnen war, sahen sich Cu Chulainn und Fand und verliebten sich sofort ineinander. Nachdem er sie gerettet hatte, hielt Cu Chulainn um ihre Hand an, und sie willigte ein. Manannan wusste, dass die Beziehung von Anfang an zum Scheitern verurteilt war, da Cu Chulainn sterblich und Fand eine Fee war. Er erlaubte der Beziehung, ihren Lauf zu nehmen.

Andererseits war Emer nicht gerade begeistert, als sie von dieser neuen Ehe mit einer anderen Frau hörte. In ihrer Wut versuchte sie, die andere Frau zu töten, aber Cu Chulainn konnte sie aufhalten, bevor sie Fand töten konnte.

Fand war nicht beunruhigt über die mögliche Ermordung, sondern vielmehr beeindruckt von der Liebe, die Emer immer noch für ihren untreuen Ehemann empfand. Es war eine wahre Liebe, und Fand erkannte, dass die beiden doch zusammen sein sollten. Dann kehrte sie zu ihrem Mann Manannan zurück.

Um sicherzustellen, dass sie sich nicht an ihre Liebe zueinander erinnerten, schwenkte Manannan seinen magischen Umhang zwischen ihnen, damit sie sich nie wieder begegnen würden. Dann tranken sie beide Elixiere, um die Erinnerung an ihre Liebe auszulöschen.

Schlussfolgerung

Es gibt zwar viele Mythen über Cu Chulainn, aber die wichtigsten Mythen über sein Leben und seine Geliebten gehören zu den faszinierendsten. Cu Chulainn war berühmt für sein Geschick im Kampf und seine strategische Weisheit, die er während seiner Zeit als Krieger einsetzte. Cu Chulainn stammte aus einem mächtigen Geschlecht, und so war es kein Wunder, dass er nahezu unmögliche Leistungen vollbringen konnte. Zum Verhängnis wurden Cu Chulainn nicht nur die Frauen, die er angezogen hatte, sondern auch die Söhne der vielen Feinde, die er getötet hatte. Als Teil ihrer Abrechnung schwächten sie ihn durch Magie und töteten ihn. In seinen letzten Momenten wurde sein Leben in den Legenden, die wir heute kennen, festgeschrieben. Obwohl Cu Chulainn der berühmteste Halbgott des keltischen Pantheons ist, wird seine Popularität von einer anderen Legende übertroffen, die von einem Wunderkind erzählt, das zu einem weiteren von den Kelten gepriesenen Helden heranwuchs.

KAPITEL 7: DER LACHS DES WISSENS

Finn mac Cumhail war einer der anderen Helden im keltischen Pantheon. Er war ein Sterblicher, aber seine Taten im Laufe seines Lebens verliehen ihm seinen legendären Status. Ähnlich wie die anderen Geschichten in diesem Buch war auch sein Leben dramatisch und voller Lust, Verrat und Kämpfe um ein Erbe. Dennoch war die Existenz von Finn einer der berühmtesten Mythen des gesamten Pantheons. Seine Weisheit und seine vielen Siege in der Schlacht brachten zahlreiche Mythen über ihn hervor.

Der Mythos der Weisheit

Der Mythos um den Lachs des Wissens begann, als Finn noch ein kleiner Junge war. Er wurde als Lehrling zu Finnegas, einem weithin anerkannten Dichter, geschickt. O'Hara stellt fest, dass die beiden oft Abenteuer erlebten, während sie Gedichte vortrugen, eine berühmte Kunst der alten Kelten. Die Poesie diente dazu, Geschichten aus der Vergangenheit zu erzählen, ähnlich wie die Volksmärchen, die wir heute kennen. Im Gespräch tauchte die Geschichte eines Lachses auf, der angeblich über das Wissen der Welt verfügte, und Finn war fasziniert und wollte mehr erfahren. Finnegas erzählte die Geschichte von dem Lachs, der eine Nuss vom Haselnussbaum der Erkenntnis gegessen hatte, und

dessen Eigenschaften in den Lachs eingepflanzt wurden. Man glaubte, dass der-
jenige, der den Lachs aß, die gleiche Weisheit besitzen würde.

Der Fluss Boyne

An einem sonnigen Frühlingsmorgen hielten Finn und Finnegas am Fluss Boyne
an, um ein paar Gedichte zu schreiben. Während die beiden sich niederließen
und die Geschichte des Lachses diskutierten, stellten sie ihre Füße ins Wasser
und ließen sich von der ruhigen Strömung umspülen. Aus dem Augenwinkel
glaubte Finnegas, das Glitzern eines Auges unter Wasser zu sehen. Er stürzte sich
ins Wasser und fing den Fisch, wobei seine Augen triumphierten.

Finnegas glaubte, dass der Lachs, den er in der Hand hielt, der große Lachs des
Wissens war. Finnegas bat den jungen Lehrling, den Lachs über einem Feuer zu
kochen, aber er vertraute seinem Gefährten nicht ganz. Er sagte Finn, dass es ihm
verboten sei, den Fisch zu essen. Schließlich hatte er viele Jahre darauf gewartet,
mit dem Lachs gesegnet zu werden. Er sehnte sich nach dem Wissen und der
Weisheit, die der Lachs enthalten sollte.

In der Flamme

Während der Fisch kochte, ging Finnegas weg, um zusätzliche Vorräte aus seinem
Haus zu holen, und ließ Finn mit dem Lachs allein. Finn schnappte sich einen
glatten Stein vom umliegenden Flussufer und entzündete ein kleines Feuer. Nach
einigen Augenblicken begann der Fisch zu kochen. Das Fett des Fisches tropfte in
die Flammen, was Finns Magen knurren ließ. Er weigerte sich jedoch, den Fisch
um jeden Preis anzufassen.

Nach einigen Minuten Garzeit war es an der Zeit, ihn umzudrehen, um ein gleichmäßiges Garen zu gewährleisten. Doch als er den Fisch anfasste, streifte sein Daumen den Fisch. Der Saft verbrühte den jungen Finnen, und der Schmerz brannte stark. Ohne nachzudenken, steckte er sich den Daumen in den Mund, um den Schmerz zu betäuben. In diesem Moment erkannte er seinen Fehler.

Finn, der weiseste aller Männer

Als Finnegas den Lagerplatz betrat, wusste er sofort, dass etwas nicht stimmte. Der Junge umklammerte seinen Daumen in der Hand und hatte einen gequälten Gesichtsausdruck. Finnegas wollte genau wissen, was passiert war, und Finn erklärte ihm die Situation. Mit einem tiefen Seufzer sagte Finnegas dem Jungen, er solle den Rest des Lachses essen, um zu sehen, ob er Weisheit in sich trage.

Mit hungrigen Schlucken verschlang der Junge den Fisch, aber nichts geschah. Es gab kein akutes Bewusstsein, kein plötzliches Wissen oder Verstehen. Finnegas war erleichtert, aber auch traurig, dass der Fisch nicht der aus der Legende war.

Aus einer Vorahnung heraus und aufgrund des Drucks, den Finnegas auf ihn ausübte, steckte Finn seinen Daumen wieder in den Mund, um zu sehen, was passieren würde. In diesem Moment änderte sich alles. Eine Quelle der Energie und des Verständnisses durchflutete ihn; die Macht des Lachses hatte endlich Gestalt angenommen. Der Kopf drehte sich vor lauter Informationen, und er setzte sich hin und erklärte das neu gewonnene Wissen, das er gewonnen hatte.

Von diesem Moment an galt Finn als der weiseste Mann im ganzen Land. Er konnte dieses Wissen nach Belieben nutzen, indem er einfach auf seinen Daumen biss. Diese Weisheit half ihm in den vielen Kämpfen, die er später in seinem Leben bestehen musste, sogar bis zu seinem Tod. Nach Ansicht der alten Kelten war Finn die Verkörperung von Weisheit und Mut.

SCHLUSSFOLGERUNG

Die Kernthemen des keltischen Pantheons spiegelten Sterblichkeit, Liebe/Lust und die Bedeutung des Schutzes geliebter Menschen wider. Die Druiden und die Krieger trugen gleichermaßen Verantwortung: Die einen waren für das Überleben der kulturellen Normen und der Religion zuständig, die anderen für das Überleben ihres Volkes als Ganzes. Die Erinnerungen an diese vergangenen Zeiten leben in den Mythen weiter, aber viele andere Erinnerungen und Traditionen sind mit der Zeit in Vergessenheit geraten.

Was von dieser einzigartigen und faszinierenden Mythologie übrig geblieben ist, verleiht ihr immer noch Unsterblichkeit. Sie inspiriert immer noch Kreative, unabhängig vom Medium, Welten und Geschichten zu erschaffen, die für immer im Gedächtnis derer bleiben, die sie erleben.

Die in diesem Buch überlieferten Mythen und Legenden sowie die hier nicht erwähnten erinnern uns alle daran, dass der Tod ein natürlicher Kreislauf des Lebens ist; niemand ist davor gefeit, nicht einmal die großen Götter des keltischen Pantheons. Selbst wenn wir sterben, werden die Geschichten unseres Lebens uns unsterblich machen.

www.ingramcontent.com/pod-product-compliance
Lightning Source LLC
Chambersburg PA
CBHW070940120626
46546CB00004B/1491